金融学、金融工程国家一流专业“双万计划”
金 融 学 北 京 市 一 流 专 业 建设系列成果
首 都 金 融 发 展 文 库

金融（保险）教学改革论文集

2020

主 编◎陈奉先 柯 英

首都经济贸易大学出版社
Capital University of Economics and Business Press
·北 京·

图书在版编目(CIP)数据

金融(保险)教学改革论文集.2020/陈奉先,柯英主编.
--北京:首都经济贸易大学出版社,2021.9

ISBN 978-7-5638-3268-2

Ⅰ.①金… Ⅱ.①陈… ②柯… Ⅲ.①金融学—教学改革—文集 ②保险学—教学改革—文集 Ⅳ.①F830-53 ②F840-53

中国版本图书馆CIP数据核字(2021)第171512号

金融(保险)教学改革论文集 2020
陈奉先 柯 英 主编
Jinrong(Baoxian) Jiaoxue Gaige Lunwenji 2020

责任编辑 王 猛
封面设计 小 尘
出版发行 首都经济贸易大学出版社
地 址 北京市朝阳区红庙(邮编 100026)
电 话 (010)65976483 65065761 65071505(传真)
网 址 http://www.sjmcb.com
E-mail publish@cueb.edu.cn
经 销 全国新华书店
照 排 北京砚祥志远激光照排技术有限公司
印 刷 北京建宏印刷有限公司
成品尺寸 170毫米×240毫米 1/16
字 数 170千字
印 张 10.75
版 次 2021年9月第1版 2021年9月第1次印刷
书 号 ISBN 978-7-5638-3268-2
定 价 43.00元

序 言

波澜壮阔的改革开放改变了中国，也影响了世界。在四十年改革开放的伟大历程中，金融作为实体经济的血脉，实现了从大一统的计划金融体制到现代金融体系的“凤凰涅槃”，初步建成了与国际先进标准接轨、与我国经济社会实际契合的中国特色社会主义金融发展路径。

经过四十年努力，我们不断改革完善金融服务实体经济的理论体系和实践路径。持续优化完善传统信贷市场，为服务实体企业改革发展持续注入金融活水；建立健全股票、债券等金融工具为代表的资本市场，畅通实体企业直接融资渠道，增强其可持续发展能力；推动低效产能有序退出市场、临时困难但前景良好的企业平稳渡过难关、优质企业科学稳健发展，鼎力支撑我国企业从无到有、从小到大、从弱到强，逐步从低端加工制造向高附加值迈进。

经过四十年努力，我们基本构建了以人民为中心的居民家庭金融服务模式。不仅借鉴西方现代金融实践，支持家庭部门熨平收入波动，实现跨期消费效用最大化；而且充分利用我国银行业分支机构延伸到乡镇、互联网全面覆盖到村落等良好基础设施，逐步实现基础金融服务不出村，促使我国普惠金融走在了世界前列；同时，积极构建与精准扶贫相配套的金融服务体系，发挥金融在扶贫攻坚中优化资源配置的杠杆作用，为人民对美好生活的向往提供金融动力。

经过四十年努力，我们探索了从国民经济循环流转大局增强金融和财政合力的有效方式。在改革开放过程中，我们不断优化财政支持与金融服务的配套机制，运用金融工具缓解财政资金使用碎片化问题和解决财政资金跨期配置问题，增进财政政策促进经济结构调整和金融政策促进经济总量优化的协调性，持续提升国民经济宏观调控能力和水平，既避免金融抑制阻碍发展，又防止过度金融风险集聚。

2008 年，美国次贷危机引发的全球金融海啸引发了人们对金融理论和金融实践的深刻反思。金融理论是否滞后于金融实践，缺乏对金融实践有效的指引？金融实践是否已过度复杂化，致使金融风险难以识别、度量和分散？近年来，随着互联网、大数据、人工智能、区块链等技术的出现，科技发展在极大提高金融业服务之效的同时，也对传统金融业带来了冲击。金融业态正在发生重大变化，金融风险出现新的特征。在新的背景下，如何处理金融改革、发展、创新与风险监管的关系，如何守住不发生系统性金融风险的底线，已经成为世界性重大课题。在以习近平同志为核心的党中央坚强领导下，我国进入中国特色社会主义新时代。在这个伟大的时代，对上述方面进行理论创新和实践探索的任务非常艰巨，使命非常光荣。为完成这一伟大历史使命，需要建设好一流金融学科和金融专业，大规模培养高素质金融人才，形成能力素质和知识结构与时代要求相匹配的金融人才队伍。北京正在建设"政治中心、文化中心、国际交往中心、科技创新中心"，加强金融学科建设和金融人才培养正当其时。

欣闻首都经济贸易大学金融学成功入选北京市一流专业和国家一流专业"双万计划"，正在组织出版"一流专业建设系列成果"，这为打造高素质金融人才培养基地迈出了重要步伐，将对我国金融学科和金融专业的建设起到积极的推动作用，为促进我国金融高质量发展并建成现代金融体系作出应有贡献，为实现伟大复兴中国梦提供有益助力。

尚福林

目　录

价值投资慕课建设的投资者教育研究①

高杰英　刘佳民

摘　要：目前，我国证券市场不断发展，但投资者教育才刚刚起步。在投资者教育缺失的背景下，本文以价值投资慕课课程建设为例，总结了价值投资慕课投资者教育模式及其贯彻落实的“布鲁姆教育目标”理念。基于“MOOC + SPOC”平台，本文分析了学分认证、投资者差异化与课程建设标准化的矛盾、问题查找与主动性的矛盾，并针对这些问题提出了努力的方向。

关键词：价值投资慕课，课程建设，投资者教育

一、价值投资慕课课程建设回顾

目前，随着互联网的迅猛发展，碎片化的学习已经满足不了学生族、上班族的需求，在线教育成为趋势。传统的线下教育经常受到时空限制，而在线教育为更多热爱学习的人提供了更为自由的时间和空间选择。同时，由于网络的便捷性与易分享性，在线教育为读者获取知识提供了更多的渠道，知识能够进一步共享，让教育资源真正公平传递到每个热爱学习的读者。目前传统教育仍占绝对主导地位，但课堂教学不断引进新技术优化教学方式，吸收互联网带来的交互性优势，让课堂变得更加生动。在线教育体系则依靠精心打造的教学视频以及良好的学习互动环境，吸引越来越多的年轻人在课后或者业余通过在线教育系统学习知识。在线教育通过整合传统教育与网络资源的优势，在教育领域发挥的作用越来越明显。

---

①　本研究获得首都经济贸易大学2020年研究生示范课程“财务报表分析”建设项目支持。
高杰英，首都经济贸易大学金融学院教授，博导，主要研究方向：商业银行、公司金融及价值投资。
刘佳民，首都经济贸易大学金融学院研究生，主要研究方向：公司金融。

1989年,美国凤凰城大学推行在线学位,1991年授予首批在线MBA学位。2005年,加拿大学者乔治·西蒙斯(George Siemens)提出连通主义学习理念。2008年,加拿大学者戴夫·科米尔(Dave Cormier)与布莱恩·亚历山大(Bryan Alexander)首创了MOOC(慕课)一词。2012年,是在线教育的井喷期,也是"慕课元年"。在这年,Udacity、Coursera和edX成立。三大MOOC平台一经推出,迅速得到了市场的认可。MOOC将优质教育送到各个角落,得到了世界各国的称赞与支持,展示了教育发展的众多可能性。2013年,清华大学推出国内首个MOOC平台"学堂在线"。2014年,国家精品开放课程共享系统与网易公司合作,开通了"中国大学MOOC"平台。自此,中国的在线教育迅速发展,参与在线教育的注册学员不断增加。根据2019年4月的数据,我国的慕课"打卡"人数超2亿人次,是2017年的2.7倍;平台上线的慕课数已达12 500门,增加了近3倍。如今,我国慕课数量和应用规模已经达到了世界第一。随着教育步入互联网时代,这场教育变革产生的价值正在不断增加,这些在线开放的大量课程,以其优秀庞大的教育网络资源以及易分享性占领越来越大的市场份额。对比之下,它也将传统教育存在的问题暴露出来,并开始对各国的教育体系甚至顶级高校本身产生影响。

通过知网检索,发现以"慕课建设"为标题的结果共204条,以"翻转课堂"为标题的结果共22 098条。以"慕课建设"为标题的2018年和2019年的课题研究分别有54项和24项,与"价值投资"没有直接关系。国家社科基金"慕课"检索项目1项——"互联网+"战略背景下美国研究型大学慕课可持续,"价值投资"检索项目为零。教育部人文社会科学项目数据库检索"价值投资"项目共0项,"慕课"31项,"慕课建设"1项。由此可见,有大量学者研究与讨论了我国高等教育的教学模式改革问题,但是对于价值投资与投资者教育方面的课程与慕课的结合研究甚少。在日新月异的信息时代,对信息的解读以及处理十分重要,建设价值投资慕课的价值日益凸显。

二、价值投资慕课投资者教育模式

价值投资课程采用慕课的形式,主要是为了提升同学们的学习兴趣,在轻松欢快的氛围下,将晦涩难懂的金融术语通过通俗的话语讲解给学生,做到寓教于乐。

（一）"布鲁姆教育目标"理念的贯彻落实

1956 年，布鲁姆提出教育目标分为理论。他把教育目标分为六类，具体如图 1 所示。

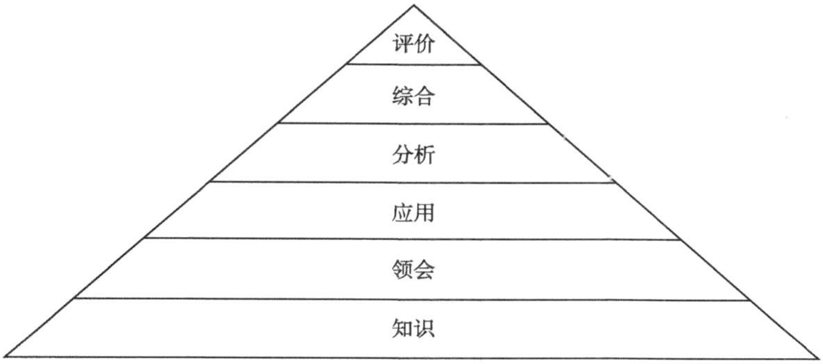

图 1　布鲁姆教育分类目标

这六类分别指的是知识、领会、应用、分析、综合和评价。知识、领会和应用都是单个知识点的消化。比如价值投资慕课里，我们剖析了价值这个知识点，并且给同学们讲解了买卖商品的例子，这个全部过程就只是在低阶部分，仅仅是一个部分。到了分析部分，我们会在每一章节后面设置相应的问题分析，这个过程需要同学们剖析问题，查找并梳理相应的文献，然后自己作答。分析阶段仅停留在学"价值"这一个知识点上。因此，在综合阶段，我们设置了"价值投资的基本概念——价值与价格"一节，通过对比，学生就能更加深刻地明白每一个知识点之间的关联性，并在关联性的基础上着重把握重点。在评价阶段，我们给每一章设置了一个视角，当我们用不同的视角看待投资时，投资者做出的行为可能也不一样。然后让学生在课堂上通过讲解发现问题所在，从而更快地解决问题并提高学习效率。

上述一系列的学习过程，在慕课的形式下，以金字塔的方式来进行教学，学生在课前观看视频，先进行知识、分析环节，这是认知领域里教育目标的最低层次。这个层次要求同学们能够在学习中自己将知识点所包含的内容弄清楚，或者自己带着问题到课堂上进行分析讨论。在讨论中，通过密集的知识点的输出，学生带着新接收到的知识点，课后通过搜索引擎查找或者咨询老师主动学习,能更精准地理解整个投资逻辑。

(二)课程设计与保障

投资者教育在2000年引入后在我国的发展可以分为三阶段。第一阶段是萌芽阶段,此时投资者教育强调理念。第二阶段是反思阶段,结合出现的问题进行反思并不断改进。第三阶段是目前这个时期,需要系统地将投资者教育课程设置成一门学科。同时,要加强投资者教育的相关法律法规体系建设。2014年国务院颁布的《关于进一步促进资本市场健康发展的若干意见》中强调要加强投资者教育。

价值投资慕课安排了多个研讨环节。第一个是在课前,学生观看慕课视频,遇到不理解的问题自己先记下来,然后网络搜索、阅读文献,如果问题仍难以解答,可以在价值投资慕课在线课程讨论区里寻找答案或者发布问题,老师和学生都可在讨论区进行研讨。第二个是在下堂课,通过小组展示的平台,结合行情,小组进行分析讨论并形成一个统一的方向,然后以PPT的形式展示给老师,师生间进行讨论(如图2所示)。

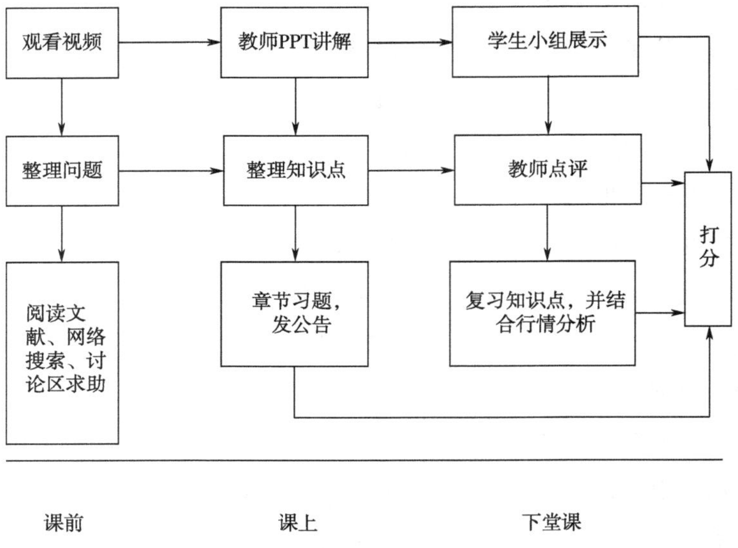

图2　价值投资慕课课程设计

投资者教育金融学本身是比较难的学科，如果要应用到投资中去，更加需要科学的课程设置和适当的情景模拟。因此，在研究相关学科慕课建设的基础上，我们将价值投资课程分为七章，每一章都以不同的视角看待价值投资。在整体把握的基础上，根据学生学习新知识的规律，我们将每个视频的时长尽量控制在七八分钟。在这个过程中又会面临如何在短时间内有趣、完整地向学生输出必要内容的问题。价值投资慕课的做法是每一节课都围绕一个名词展开，这个名词与上节讲课的内容是一致的或者递进的。通过反复梳理、精准把握，在学习过程中学生整体上都能掌握更多知识，并且进一步拓展知识体系。

（三）搭建平台

围绕课程建设，学校搭建了两个平台：一个是价值投资慕课；另一个是价值投资 SPOC。两个平台相互促进，共同完善。

在价值投资慕课平台上，所有在线学生都可以学到价值投资的相关知识；但在 SPOC 平台上，则仅限于校内学生。慕课平台的搭建，方便了学生的使用，不仅教学计划、课件上网，而且网上还提供辅助学习的各方面资源，提供提问答疑的平台，学生与教师可以网上互动。网络课程也便于解决跨专业选修课程时因为专业背景欠缺而导致的学习困难，学生可以充分利用网络资源反复学习理解有关的内容。同时，让各行各业的投资者加入价值投资的队伍中，他们讨论的知识偏实际；而 SOPC 平台在校学生偏多，还未到业内就职，所以他们在讨论区研讨的知识更加偏理论化。两个平台的搭建，便于所有学生的分析与讨论，在每个章节讨论板块下，都可以进行知识的碰撞。“慕课 + SPOC”教学模式可以充分利用两者的优势，一方面发挥教师教学过程的主导作用，另一方面又激发学生作为学习主体的主动性、积极性与创造性，形成一种在线学习与离线学习混合的教学模式，实现慕课学习与传统课堂的融合创新。

三、课程建设的问题分析

目前看，价值投资课程设计得还比较科学，学生的反馈大多是认可的，但是仍然存在部分问题需要解决。

（一）学分认证

学分认证是所有在线开放课程都面临的问题。2015 年，教育部曾发文要求推进在线课程学分认定,“在保证教学质量的前提下,鼓励高校开展在线学习、在线学习与课堂教学相结合等多种方式的学分认定,学分转换和学习过程认定”。2018 年也在“双一流”大会上提出“要建立一批一流课程,建立一流的课程标准,在建、用、学上下功夫,做好相关配套慕课学分管理制度跟进”。但是,目前的学分认证还不够科学,存在一定问题。

1. 课程题型单一,全部是客观题

题型的设置主要是单选、多选和判断题。客观题的确能在一定程度上表明学生价值投资课程的掌握情况,但缺少主观题的训练,无法全面地衡量学生在投资者教育课程上对所学知识点掌握的深度。

2. 课后自我作答,无法监督

价值投资课程每章都设置了一个单元测试,学生自我评测。但由于每个学生的进度不一,学生之间互相抄袭现象难以避免,并且无法监督,所以整体评价可能存在不公平。

3. 仅有相关文件,缺乏统一标准

价值投资课程与其他课程最大的不同点在于实操性强,需要理论结合实际。投资者教育最难的就是择时,不同时期不同角度看投资者教育,可能会不一样。所以,课程标准不好设置。

(二)投资者的差异化与课程标准化的矛盾

价值投资慕课面向社会,不同行业投资者由于个人经历不一,对待价值投资课程的看法也不一致。在校学生由于缺乏实务训练,容易被教材局限,对市场走向的判断与在职人员可能会不一样。课程按照“价值投资学习正当其时”“价值投资入门篇”“价值投资宏观篇”“价值投资中观篇”“价值投资微观篇”“价值投资实践篇”“价值投资反思篇”七个章节来开展,以层层递进的思维,系统化地讲解课程。但由于每个投资者的个人经历不同,可能某些章节对他们的意义不是很大,进而导致学习兴趣减退。在校学生由于有线下课程的反馈,教学上相对比较容易抓住问题并进行解答,而慕课在这一方面仍存在很大的困难。

(三)问题查找与主动性的矛盾

课程建设都强调教学方法的改进,强调从“教”向“学”的转变,鼓励学生进行自主学习、弹性学习等，但在现有高校管理体系下很难形成真正的自主学习，教与学的互动循环难以完全实现。价值投资课程在投资者教育过程中强调每个投资者的主动性。但课程面向的投资者以在校学生偏多，他们大多经历过被动的“填鸭式”学习，学习方法一时很难改变。在课程设计时，我们特意让学生在观看慕课视频后，对于自己不理解的问题，先动手查找文献或者网络搜索。但部分学生为了图省事，会选择性地忽略一些问题或者知识点，形成隔靴搔痒式的学习，难以将投资者教育理念深化，更不用说举一反三。

四、课程建设方向

通过剖析价值投资课程设计的问题，我们可以着手从以下几个方向进行解决。

（一）完善学分认证

价值投资课程在投资者教育上采取严格的学分制，除了线上学习、线下小组展示之外，还添加了一个线下期末考试（见图3）。有了期末考试的督促，学生学习的热情也会高一些，在平时学习的过程中，会更加严肃对待；配以严格的学分制，可在制度上进一步提高学生对投资者教育的重视程度，起到一定的作用。

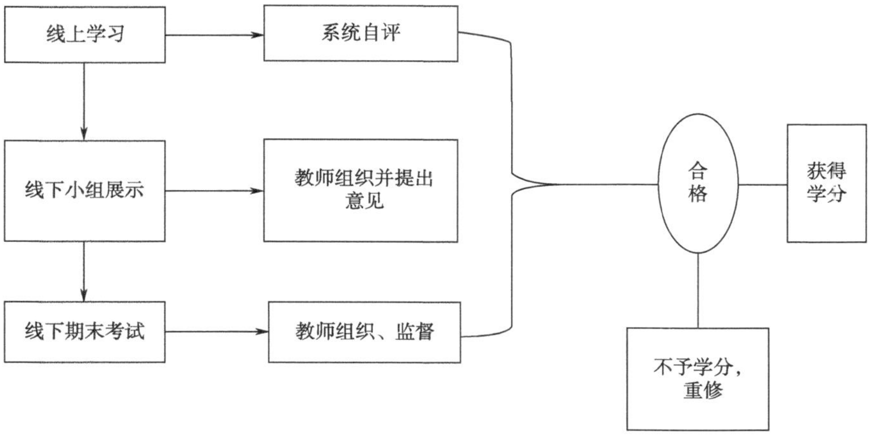

图3　学分认证方式

(二)课程标准科学化

由于没有太多相关慕课可以借鉴,价值投资课程在“摸着石头过河”的过程中,着重发挥“MOOC + SPOC”的功能。慕课面向的是具有实操经验的各行各业的投资者,所以在课程中需要添加一些行业分析,着重讲解“宏观分析 + 中观分析 + 微观分析”三部分的知识点。而 SPOC 面向几乎没有投资经历的在校学生,所以“入门篇”的讲解内容就必须非常清楚,同时重视小组展示的作用,抓住教与学之间的每个反馈,这样才能让这门课程教学更加完善,让投资者教育更加深入。

(三)加强监督与实时反馈

价值投资课程强调投资者(学生)发挥自己的主动性,课程设置上强调让投资者(学生)带着问题上课,但由于缺乏监督,学生可能会图省事而不积极参与,不利于课程的学习。因此,需要加强监督引导,增强学生在慕课和 SPOC 讨论区的积极性,让同学们互评,并积极解答问题、发表意见;同时,老师也应该积极参与到讨论区中,与同学们开展探讨,并积极回复学生提出的问题,从而实现教与学的互动。

(四)加强教师队伍建设

目前,价值投资相关课程建设不足,投资者教育没有得到很好的完善,这一定程度上与教师队伍不强有关。应推动教师到国内外教学单位培训和挂职锻炼,从整体上提升教师的理论水平和教学能力。在加强同实务部门横向交流的同时,将教师实践能力培养与实践基地建设联系起来,让教师将实践经验不断充实到课程中来。引进、补充新教师,进一步优化师资队伍的职称结构和年龄结构,教师团队形成合理化的梯队,让有实践经验的教师步入课堂。教师队伍的壮大对投资者教育能够起到良好的保障作用。

参考文献:

[1]《我国证券投资者教育的效率分析与制度建构》课题组. 中国投资者教育现状调查报告(2018)[N]. 证券时报,2019-03-07.

[2]封文丽,王郅雅. 中国特色投资者教育制度研究[J]. 北方金融,2018(12).

[3]李文华．美国证券市场投资者适当性规则的发展及启示[J]．北京航空航天大学学报（社会科学版），2017(3).

[4]张昌巍，高燕全．流通背景下加强投资者教育的必要性与途径[J]．现代商贸工业，2017(4)．

[5]高杰英，张琪．财经院校课题建设的经验和问题分析：以首都经济贸易大学为例[J]．中国大学教学，2013(6).

[6]胡小勇，冯智慧．理解翻转课堂从十个问题说起[J]．教育信息技术，2015(11)：3－6.

[7]吴秉健．基于布鲁姆教学目标分类的翻转学习模式研究[J]．中小学信息技术教育，2013(3).

新冠肺炎疫情背景下新型投资专业人才培养模式研究①

李　新

摘　要：经济全球化和科技智能化的快速发展，推动了金融行业的革命，特别是2020年的新冠肺炎疫情冲击强化了这一趋势。这对新型投资专业人才提出了巨大的市场需求，而国内投资专业人才培养模式目前与先进水平还有不小的差距，需要创立新型投资专业人才培养模式。本文意在探索新型投资专业人才培养的模式，主要内容包括：新型投资专业人才培养体系（"123456培育规划"）、新型投资专业人才培养目标（"三型"人才目标）、科学有效的保障措施以及新型投资专业人才教学模式（体悟式教学与线上互动教学模式）。在中国崛起为金融大国之际，本文的探索或许有一定的理论和实际意义。

关键词：新冠肺炎疫情，金融革命，投资专业，新型人才培养

一、充分认识新型投资专业人才培养的迫切性与重要性

随着经济全球化和科技智能化时代的到来，金融正在经历着巨大变革，呈现出市场化、复杂化、多样化、科技化和智能化的趋势。无论从宏观层面还是从微观层面，传统的金融人才已无法完全适应正在变化的经济金融环境，金融行业已转向金融人才的全面竞争。

从我们对一些商业银行、证券公司、基金管理公司和实业企业的调查来看，金融机构和企业对新型投资专业人才存在着极大的需求。像国泰君安、海通证券、中信等券商机构均成立了证券投资（量化投资）等部门，急需新型投资专业人才；中国工商银行、中国农业银行、中国银行、中国建设银行、北京银行、北京农商银行等商业银行，急需懂得投资理财的经营管理人才；许多实业企业也急

---

① 本文系首都经济贸易大学2019年校级教改项目"2019促进高校内涵发展项目"的成果。

作者简介：李新，教授、博士生导师，首都经济贸易大学金融学院证券期货研究所所长。

需大量懂得投融资运营的专业人才。

目前，国内投资专业人才培养刚刚开始，但已取得了很大成绩。据统计，全国高校2010年开设投资学专业的仅有20多所，到2015年就达到80多所。不过，当下投资学人才培养还存在一些问题：①对中国国情的对策性、政策性研究重视不够。②对定量化模型和工程化方案应用不够。③对跨学科的科技金融（Fintech）[①]重视不够。④院校教育与金融市场实际存在一定差距。⑤院校教育与先进水平存在一定差距。⑥人才培养与实际需求存在一定差距。

在这种情况下，投资专业人才尤其是新型投资专业人才的质量及数量，远远无法满足市场的需求。因此，如何培养新型投资专业人才，应该成为新时代国内高校特别是财经高校的当然责任和首要目标。当前，全球金融版图正经历变迁，中国的崛起将奠定金融大国的基础。在这个伟大的变革过程中，新型投资专业人才的培养，不仅将是中国高校财经教育屹立于世界教育之林的突破口，而且也是中国金融业提升其核心竞争力的重心所在。

二、新型投资专业人才培养体系："123456培育规划"

投资学专业是一门融经济学、金融学、管理学、统计学、保险与风险管理等多门学科于一身，交叉性和应用性很强的专业。自20世纪80年代以来，伴随着全球金融创新浪潮产生的大量新型证券，计算机技术的发展，以及投资理论研究的不断突破，使投资学专业在国外日益成为显学。在国外商业教育领域，几乎可以说没有任何一种其他理论和技术能像投资理论这样被迅速转化为实践。

2012年教育部对高校本科专业设置进行了改革，正式设立了"投资学"专业（金融学），这无疑是适应金融学教育和金融实践发展的重要举措，对投资专业教育发展具有重要的推动作用。从国内外金融教育看，投资学已经成为金融学院教学的核心骨干课程，我们应该高度重视投资学在金融人才培养中的基础性作用。

---

① 科技金融是跨学科发展领域，其主要模块（大数据、云计算、人工智能及区块链等）对金融行业产生了革命性影响。

结合国内外投资学教育的理论与实践,我们认为:新型投资专业人才培养必须有一个完整的、立体化的体系,可以概括为“123456 培育规划”,即一个目标、两大内容、三个理念、四项原则、五大支柱、六大技能。这要求我们在教学实际中做到:①以培育适应中国金融崛起及全球金融发展的高层次金融人才尤其是高层次投资专业人才为根本目标。②将投资学拓展为“金融投资(私募股权投资、证券投资、控制权投资、信托投资、租赁投资、贵金属投资、稀缺品投资、衍生工具投资)和实业投资(项目投资、企事业单位投资、政府投资、区域投资)”两大内容。③坚持“国际视野与本土操作相结合、理论与实践相结合、历史现实与未来相结合”三个基本理念。④贯彻“厚基础、宽口径、精专业、强技能”四项原则。⑤建立五大支柱,即以课程为依托的高水平教学团队(专业团队、实习-实训团队、双语-国际团队)、以因材施教为导向的模块化课程体系(通识课、基础课、专业课、扩展课)、以校内实验室实训及校外实习基地为组合的立体化职业培养机制、以现代技术为支持的网络信息资源(网络课程、专业资料库、学习园地)、以学术社团为主体的社会服务系统。⑥培养在“数理分析、应用实践、市场营销、职业道德、人际沟通、心理素质”等六大领域具有较强技能的复合型应用人才。

三、新型投资专业人才培养目标:“三型”人才培养

我们认为,投资专业人才培养目标应该着眼于数理分析型、市场营销型、实践应用型相结合的复合应用型人才(即“三型”人才),突出实践应用能力的培养。鉴于首都经济贸易大学是北京市属重点财经院校,我们应该力争建成北京乃至全国具有影响力的“复合型、应用型、创新型”投资理财专业人才培养基地:①根据学校省级重点财经院校和地方高校的特点,学校的培养目标与名牌大学的培养目标应有层级差异,绝不是水平质量差距。②鉴于金融快速发展和科技化趋势,投资及其风险管理的技术型人才需求量大,必须重视数理模型、科技金融和实际操作等多方面能力的培养。③顺应京津冀协调发展国家战略及首都发展规划纲要的要求,积极服务于京津冀特别是北京金融业的发展,重视服务首都经济发展。④加大同海外院校合作力度,高度重视与“一带一路”沿线国家的合作,培养新型投资专业人才,并在国际化办学的过程中,不断调整人才培养

模式，创立国际品牌，使之适应京津冀协同发展及首都经济国际化对投资人才的需求。

四、科学有效的保障措施

（一）以课程建设为依托，建设高水平的教学团队

投资学专业的教学，必须有一支既有深厚投资学理论功底，又能熟练运用实验教学手段的师资队伍。首先，重视投资学师资队伍建设，以教学工作为主线，以先进的教育思想理念为指导，立足于人才培养质量的提高。其次，以国家级、省部级或学校各类重大的教学改革项目为载体，以专业建设、课程建设、实验室建设为重点，开展实验教学研究，培养实验教学建设的核心队伍。再次，重视科研力量对教学工作的支撑，形成科研与教学的良性互动，实现实验教学与科研工作的有机结合、集成共享，最终促进高水平骨干教师队伍、学术梯队和教学团队的形成。最后，通过“引用和培养并举”“跨学科跨专业”等策略，优化师资结构，组成优势突出、协作良好的教学团队。我们建议组建以下教学团队：量化投资教学团队、投资银行教学团队、风险管理教学团队、实验实训实习教学团队、科技金融教学团队和双语国际教学团队。

（二）模块化设置课程体系，突出创新能力的培养

按照“宽口径、厚基础”的人才培养原则，可以将投资学专业课程设置为五个模块：通识课、学科基础课、专业课、素质拓展课、综合运用课。同时，开设实验性金融课程（投资学综合实验课）、创新能力课程（理财产品开发设计案例分析、资本市场运作案例分析、校内仿真综合实习）、市场营销型课程（投资银行理论与实务、金融营销等）。实验教学应以学科基础课、专业课和综合运用课三个模块来组织实验教学。这样，可以实现“实验－实训－实践”相互贯通、相互结合，突出创新能力的培养。

（三）以金融实验室为平台，构建立体化“三实”体系

按照市场需求与社会未来对人才的知识、技能、品质的要求标准和结构，制定培养目标和实施方案，构建以提高实践能力和创新能力为宗旨的实验课程体系。该实验课程体系由“两大部分、三个层次、四大模块”组成，具体包括：校内实验和校外实习两大部分；基础型实验、综合型实验和金融企业实践活动三个

层次;课程基础实验、专业技能实验、拓展与创新能力实验和企业见习、专业实习与实训四大模块,即实现“实验－实训－实习”相互结合、相互补充的体系(所谓的“三实”体系)。

根据经济社会发展对投资学专业人才培养的要求,投资实验课程体系建设既要注重实验与理论教学紧密结合,也要注重实验教学内容的综合性、互动性、启发性、完整性,从而形成适应学科特点及其自身系统性的实验教学体系。通过系统化的实验教学体系,全面培养学生严谨的学风,整合知识的能力以及综合分析、发现和解决问题的能力。

针对投资实验教学体系,我们建议:①实验课程体系中基础实验课占30%,主要解决学生对基础理论和专业基础理论与金融行业的了解和认知过程;②实验课程体系中(专业及跨专业)综合设计实验课占45%,主要解决学生熟练掌握金融学科有关行业部门业务流程的实际操作;③实验课程体系中模拟实验课和研究创新实验课占25%,通过教师对实验课程的设计,利用课程实验软件和模拟沙盘,组织学生研讨、撰写阶段实验报告和综合实验报告,促进学生自主学习、互动式学习、参与式学习,培养学生的独立思考能力、团队合作能力、创新创业能力。

(四)科学运用现代教育技术,强化教学信息化建设

加强投资学专业教学信息化建设,集成各类优质教学资源,为教师和学生提供强大的施教和学习的网上虚拟环境,达到素质教育与创新教育的有机结合。投资学专业教学信息化建设可以包括三个方面:①增强教师的信息化素质与能力,对教师进行信息化理论、方法、技术与课程整合模式四个层面的培训。以首都经济贸易大学金融学院为例,我们初步建立了以教师为主导建设的网络辅助课程6门、精品课程2门、专业资源库1个、专题学习网站1个。②利用学习平台,以学生为中心建设学生学习社区、学生创新网站、学生专题学习网站。③依托网络课程建设,实现课堂与网络的有效整合,将投资学专业课程的教学课件、教学大纲、作业处理、辅导答疑、师生交流、学生学习活动跟踪分析、平时成绩记录等主要教学活动通过互联网和校园网络平台完成,有效延展教师和学生的互动空间,实现课堂与网络教学的全面整合。

(五)采取多样化的教学方法和手段,培养新型投资专业人才

改革教学方法是深化教学改革的重要内容。教学方法改革要以培养学生广泛的学习兴趣和强烈的求知欲望,激发学生学习的内在动力,充分调动学生学习的主动性、积极性和创造性为目的,改进课程的讲授方法,贯彻少而精的原则,将知识传授和方法论指导相结合,积极实践启发式、讨论式、研究式等生动活泼的教学方法。教学方法在实现投资学专业培养目标方面具有直接的作用。以首都经济贸易大学金融学院为例,我们突出投资学专业办学特色,在教学中采用开放式、探究式、案例式、模拟式以及体悟式①等教学模式。

高等教育的任务是培养具有创新精神和实践能力的高级专门人才。新型投资专业人才的培养目标,本质上就是不断提升学生的创新能力、投资理财的实际操作能力以及社会心理的综合素养。

五、新冠肺炎疫情背景下新型投资专业人才教学模式:体悟式教学与线上互动教学

我们意在探索一种培养拔尖创新人才的“体悟式教学模式”,着重提高学生的创新能力、实践能力、学术水平,以全面提升投资学教学水平。该模式主要包括以下内容:①选取适合学生、高质量的教材,这要求使用国际化的通用英文原版教材,同时鼓励自编具有本土化特色的品牌教材;②设计教学模式,提高授课环节的质量,强调教师必须以教材为本、上课专注教学,同时学生积极预习、全程参与、互动体悟;③科学运用实验环节,提高教师和学生的实验创造力,有效而充分使用金融实验室;④提高学生理论联系实际的能力,培养其发现、分析、解决问题的能力,建立实习基地,制定实习章程和制度,并严格执行。

“体悟式教学模式”的特色在于,从教材、课堂、实验、实训、实践五个环节,形成一套综合的、立体式的教学方法。以首都经济贸易大学金融学院为例,我们实现五个环节的创新:①真正做到创新教材,即国际高水平教材与务实本土化教材相结合,以激发学生思考。②真正做到创新课堂,即通过生动案例与理论分析相结合、教材讲授与多媒体生动演示相结合,将理论创新和实践创新等

---

① 本文将在后边进行较为详细的介绍。

关键元素融入课堂中,真正做到师生互相体会、互相感悟理论与实践中的真理。③真正做到创新实训,积极引导学生按时完成必要的课后作业以巩固基本理论,通过阅读参考书、做读书笔记来开阔视野,适当进行课外讨论以分享宝贵的体悟思想,从而完成"思考－思想－思潮－思理"的体悟全过程。④真正做到创新实验,充分重视金融学的科学实验环节,要求学生利用学院金融实验室、研究中心、学生社团(股市沙龙)的优良条件,开展理论模型的基本训练,提升理论建模的实训水平,提高金融实务的操作能力,探索运用金融实验室进行考核的模式,探索利用研究中心、学生社团进行初步学术创造的模式①,例如可以鼓励学生撰写科研论文、调研报告,并选择优秀论文发表。⑤真正做到创新实习,以实习基地为主,以学校基地为辅,发挥学校北京地缘优势,实行实习导师制度(校内校外双导师),实现每个实习全过程管理(即实现实习目标、实习流程、实习效果等全面管理),实现专业就业导向实习,即按照年级高低,布置专业难度递增的实习(即从初级到中级再到高级的实习),颁发优良合格等级证书。

2020 年的新冠肺炎疫情直接冲击了传统教室教学的线下模式,为此我们采取"体悟式与线上互动相结合"的教学模式,以充分发挥线上与线下两种教学模式的优势。首先,我们全面录制投资学的慕课,并在 2020 年 3 月在"中国教育在线""智慧树""泛亚"等多个平台上线,学生可以通过慕课学习课程的主要内容。其次,我们把教材、实训、习题、案例、专题等资料导入平台,使得学生可以获得多层次、多视角、多方位的信息资源。最后,我们通过腾讯会议等网上会议平台开辟师生交流渠道,在学生较充分学习相关课程资料并完成作业的基础上(即进行较充分的体悟后),再由教师和学生就课程重要专题进行讨论,引导学生独立自主地提出自己的见解。

参考文献:

[1]林继肯. 中国金融学教育与金融学科发展[M]. 北京:中国金融出版

① 首都经济贸易大学金融学院的学术社团——"股市沙龙"经过近 30 年的发展,在这方面已经取得了一些有益的经验。

社,2007:62 – 75.

[2]马彧松. 本科投资理财专业设置的架构[J]. 山西财经大学学报,2012(4):217.

[3]吴云勇,陈凌白. 金融学专业投资理财方向建设方案[J]. 浙江金融,2008(1):64.

[4]刘磊. 基于社会需求的金融专业教学改革探析[J]. 哈尔滨金融学院学报,2011(4).

[5]陈兵,胡云祥,孙桂芳. 个人理财专业设置与课程体系的构建[J]. 金融教学与研究,2005(6):45 – 47.

金融学线上线下混合式金课的建设与思考[①]

李　雪　田东阳

摘　要：为落实立德树人根本任务，“建设中国金课”，本文以金融学这门基础必修课程建设为着力点，以线上线下混合式教学的建设与实践为重心，探讨在金融学课程改革中所尝试的创新教学方法以及优化的教学方案，提出关于混合式金课建设的思考及问题。

关键词：金融学，线上线下，混合式教学改革，MOOC 平台

一、引言

“95 后”“00 后”出生成长于计算机、互联网、智能化崛起的时代。从小就接触电子设备的他们，在课堂中却以传统的方式——老师做着板书，学生埋头抄写——接受着教育。虽然引入了 PPT 等多媒体辅助教学，但这也仅仅是将老师的双手从课堂中解放，事实上并未改变传统的教育模式，利用多媒体辅助课堂教学的这种授课方式已经不符合学生目前的学习需求。学生的特点以及偏好随着时代的变革而发生了巨大改变，继续单调地“输入式”教育，在形式与方法上难以满足当下受教育群体的需求。

在第十一届“中国大学教学论坛”上，教育部高等教育司司长吴岩作了题为“建设中国金课”的大会报告。报告明确指出，金课建设应该坚持“高阶性、创新性和挑战度”的标准，以习近平新时代中国特色社会主义思想为指导，贯彻落实党的十九大精神，落实立德树人根本任务，把立德树人成效作为检验高校一切

---

①　本文得到首都经济贸易大学 2021 年校级教改立项和首都经济贸易大学 2021 年线上线下混合式课程建设项目的资助。

作者简介：李雪，首都经济贸易大学金融学院讲师，研究方向：宏观金融。田东阳，首都经济贸易大学金融专业研究生，研究方向：宏观金融。

工作的根本标准，建设适应新时代要求的一流本科课程，让课程优起来、教师强起来、学生忙起来、管理严起来、效果实起来，形成中国特色、世界水平的一流本科课程体系，构建更高水平人才培养体系①。

近几年，“互联网+教育”的研究被大家广泛关注，学生的学习不再局限于课堂，各种依托于互联网的新型教学模式应运而生②。一些线上网络学习资源的广泛使用，如网易云课堂、网易公开课、哔哩哔哩精品课等网络课程，腾讯会议、ZOOM等多人会议应用，慕课（MOOC）与雨课堂等教学平台，都为大学教育模式改革的探索和金课的建设提供了新的方式与渠道。我们需要根据不同学科的自身特点，找准定位，探索出更为适合本学科领域授课的教学模式。

2019年4月9日，教育部发布了建设一流专业的“双万计划”，致力于“做强一流本科、建设一流专业、培养一流人才”，以期实现2035年我国建成世界一流本科教育的目标。首都经济贸易大学金融学专业也坚持“立足北京、服务首都、面向全国、走向世界”的发展定位，不断思考着如何培养理论基础扎实，具有国际视野的复合型、创新型金融人才。为打造国家所需要的“一流专业”和“一流课程”，金融学线上线下混合教学课程需要不断优化，而MOOC的优势不仅在于优质教学资源的共享，还在于教师对优质教学资源的组织利用，包括线上部分的直接利用和线下课堂的间接利用。本文旨在构建“线上线下”教学体系，在教学实践过程中，总结混合教学模式所面临的问题，为优化学生在线学习效果提供依据，最终形成以学生为中心、以教学实践为重点、关注学生自主学习过程的新型教学模式。

二、线上、线下混合式教学的建设思路

金融学作为金融学领域最为重要的基础性课程，对投资学、公司金融、产业金融等细化领域的深度学习起着关键的作用。混合式教学由线上和线下两个环节组成，本文分别从线上课程的建设思路、线下课程的创新实践及混合式教学的初探三个方面进行探讨。

---

① 《教育部关于一流本科课程建设的实施意见》（教高〔2019〕8号），360A08-07-2019-0023-1。

② 李莉莉．线上教学常态化下的“互联网+”翻转课堂模式在护理教育新生态研究［J］．教育教学论坛，2020（53）：265-267.

(一)线上课程的建设思路

对于线上课程的建设不能如之前的传统网络课程制作一般,仅是一些课程的录制及将课程内容的上传共享,之后由学生独立完成课程的学习。这种只能说是部分教师的投机取巧的偷懒行为,对于那些自律性较差的学生来讲,这种模式对他们的学习起到的作用几乎为零。同时,线上课程也不能承担所有的教学任务,其作用主要是帮助学生预习和课后复习时进行知识点的串讲。金融学内容多,课程体系庞大,需要采用慕课(MOOC)的视频模式,包括核心词、关键句等在内的琐碎冗杂的知识内容,课程视频时长应限制在15分钟以内。这样既保证了内容的完整,也防止内容的冗长降低学生的接受程度。通过视频,向学生发布相应的知识点预习问题和课堂任务,并在正式上课前收集并整理分析预习问题的学生答案,以便于老师根据学生的预习情况,确定适合课堂讲解的内容。

同时,利用现在的一些课程辅助应用,比如课堂派、Kahoot(一款可实时收集学生问题回答情况的课堂互动软件)等,提升生生、师生的课堂互动,使得学生能够了解教师的授课进度,老师也能更了解学生的接受情况。反观当下的实际情况,学生手中大都有手机、iPad、电脑等电子设备,不能完全杜绝上课学生玩手机的行为,不如让这些设备变成学生上课的辅助工具。这一点涉及线下课程的创新,所以在下面线下课程的创新实践中加以详细阐述。

(二)线下课程的创新实践

线下课程依然是学生金融学学习的重要渠道。为打破原有"老师讲、学生记、下课留作业"的传统模式,我们借鉴了国外大学的上课方式。

首先,老师根据事先收集到的预习情况,在课程正式讲授前,提出课程计划,比如本节课学生应该掌握什么,课后有什么样的任务。利用课堂派和Kahoot软件,老师在课堂教学过程中向学生适时发布一些随堂选择题,利用软件的实时收集功能,老师通过选项的分布情况来了解学生对知识点的掌握程度。

其次,老师在课后提供主题或案例,要求学生以个人或者小组为单位,进行讨论研究,并在下一节课随意抽取学生进行课堂展示,以检查学生课后的掌握和运用情况。同时，授课老师也要结合时事变化，不断更新课堂教学内容，例如在金融学的教学课堂上，根据当下发生的金融时事制作成案例进行输出，以保证学生能够掌握最前沿的金融知识与金融学发展动向。

最后，在课程学习过程中，增加频率类似于月考的学生小测试。这一做法可提高学生主动学习的积极性，让学生课后真正忙起来。例如，一个章节或一个专题结束之后，安排一次考试，考试时间尽量控制在 15 ~ 20 分钟，这样不仅能够高效完成该章节或专题的教学进度，而且对于学生掌握所学知识点也能够起到巩固的作用。

（三）混合式教学的初探

前面对线上和线下模式进行了分别阐述。而对于混合式教学，就是将上述的线上和线下模式结合起来，形成一种“线上 - 线下 - 线上”的模式。

课程初，老师可将 15 分钟的精要视频发布于教学所用平台［如慕课（MOOC）平台］，让学生观看知识要点。再利用微信中的问卷星小程序，检查并获知学生的预习情况。当然，慕课（MOOC）中的视频评论功能，也可以作为了解情况的一个平台。

随后是前文提到的线下课程，打破传统的教学形式，授课老师通过 Kahoot 与学生保持互动，随时掌握学生的学习状态。根据获得的准确率统计情况，老师可以时刻知晓学生的掌握情况，改变课堂节奏，保证学生对新知识接受程度的最大化。课堂上，提高学生的自我学习能力，根据小班课堂的教学特点，让学生以个人或小组为单位进行 PPT 展示与讲解，这需要学生在理解所学知识的基础上，对案例或相关主题做出相应的解释，老师也会在学生的展示中有一定心得。传统的老师向学生的单向传授，也因此变为老师和学生之间的相互影响。另外，月考形式的随堂测验也保障了学生在课堂上的集中程度。

最后，发挥线上课程的复习功能。如果学生对先学课程感到生疏，依然可以通过之前发布的知识点串讲视频进行回顾。对于新发现或依然存在的问题，可通过评论、课堂微信群以及答疑课堂得到老师的讲解。通过“线上 - 线下 - 线上”这样逐步递进的方式，学生的知识掌握程度在一级一级的查漏补缺中得到夯实（如图 1 所示）。

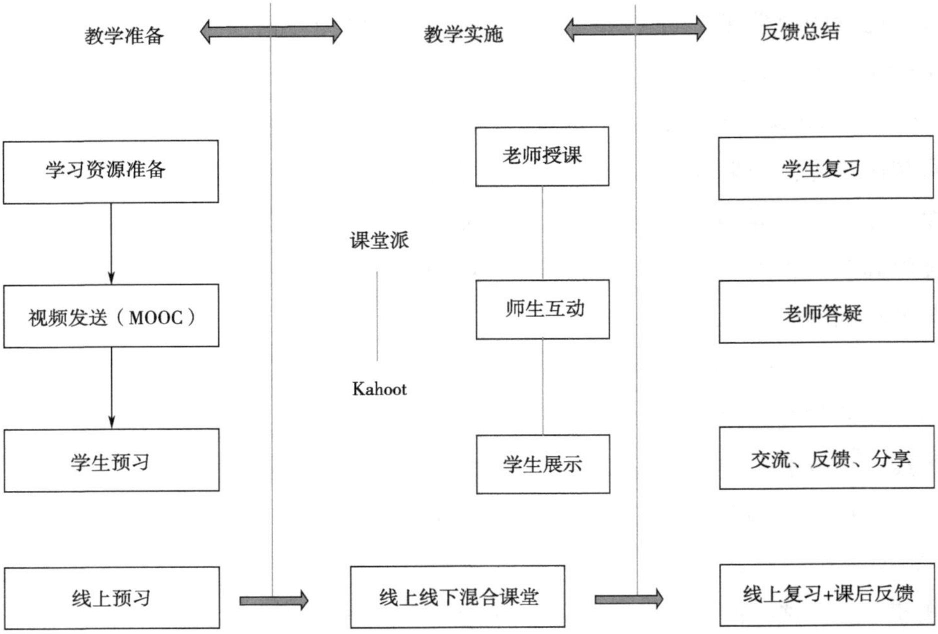

图1　混合式教学的流程

三、金融学混合式教学的具体实施

要保证以上模式的实施,就需要打破传统的成绩考核形式。传统课堂上,我们将成绩评价分为两部分:出勤占 30%,期末考试占 70%。所谓出勤,就是老师的签到。这样就导致一些学生会和老师进行博弈——赌老师明天不会签到,所以我就可以逃课。而到了期末,学生往往又央求老师划考试范围或者出题简单一点。

在金融学混合式课程建设中,通过细化成绩考核的比重,可以降低以上问题发生的概率。具体可以设计成:在总成绩中,预习占比 20%,课堂互动参与占比 10%,案例展示占比 15%,月考式的随堂测验占比 20%,期末考试占比 35%。通过多层次的考核,老师不仅省去了对出勤的考察,也提高了课堂的出勤率。因为各个环节考核的比重上升,学生也会增加对课程的关注度和参与度。通过细化,期末考试的比重大幅降低,学生对于期末考试挂科的恐惧也自然降低。

看似烦琐的考核，实际上提升了课程的教学质量。多亘的考核方式下，学生在平时便会获得一个较高的成绩。虽然期末考试比重降低，但由于平常的掌握较为牢固，在期末也自然会获得一个理想的成绩。

四、线上线下混合教学模式的进一步思考

自2018年以来，各方面关于大学教育改革的探讨就层出不穷。无论是陈宝生部长表示的“玩命的中学、快乐的大学”现象应该被扭转，还是吴岩司长提出的关于“建设中国金课”的教学改革措施，目的都是提升教学质量，使学生能够高质量地学习。教育部所提出的建设一流专业的“双万计划”，也旨在提升大学生在社会中的竞争力。因此，在高校教学模式的探索过程中，要提高大学本科课程难度，拓展课程深度，扩大课程的可选择性，以激发本科生的学习动力和专业志趣。

与国外的高等教育相比，中国大学生所经历的学业压力是不大的，仅有很小部分的学生具备主动学习、独立思考的学习能力。难道是学生经过高考“洗礼”后就不爱学习了吗？原因并非那么简单。我们的大学生经过高考而进入理想大学前，即在高中学习中，不断有老师对其进行鞭策，大家都拥有共同且明晰的目标。而进入大学之后，忽然变得缺乏目标，且对自己的未来也没有明确的想法。加之，大学老师再也不会像中学老师那样对学生百般督促，大学时期的迷茫不可避免地将带给学生一定的惰性。

对于绝大多数的大学生来说，高中学习生活单调乏味，步入大学后没有家长、老师督促的自由生活，使他们逐渐失去了学习的动力。这就类似于心理学上的“向下的不兼容性”——接受好的事物、舒服的状态之后，再重新吃苦是件很痛苦的事情。大学生自律能力比较差也是其中一个很关键的因素。大学期间生活需要自己去安排时间与生活，自我制订学习计划、合理安排学习时间等，这难免有些困难。

最后值得强调的一点是，目前大学生找工作所面临的一个很现实的问题是，与专业技能相比，学历显得更为有用。步入社会，所有的事务都要重新学习，大学所学似乎学无所用。在这种背景下，钻课堂制度的漏洞，只保证可以获得学历学位，便是“成本最低”的学习方式。

马尔科姆·格拉德威尔在《异类》中提出:“人们眼中的天才之所以卓越不凡,并非天资超人一等,而是付出了持续不断的努力。一万小时的锤炼是任何人从平凡变成世界级大师的必要条件。”“一万小时定律”由此而来。但一万小时定律仅仅是告诉你应该不断地练习,才能成为这个领域的专家。而安德斯·艾克利森在《刻意练习》一书中对一万小时定律提出了质疑,认为精英是可以通过正确的方法训练出来的,不应该漫无目的地持续练习,而是在发现问题后,针对问题进行持续的训练。正是受到艾利克森教授研究的启发,我们提出了混合式教学模式。在预习过程中,学生自己发现问题,老师帮学生发现问题;学生带着问题进入课堂,通过老师的讲解解决问题;对于课堂中新发现的问题,老师在课上课下解答。同时,这种模式无形中也使得学生养成了自己寻求问题答案的习惯。

教育改革是必要的。时代在进步,新的科技不断进入生活,改变传统的教育方式,让科学技术进入教育领域,利用科技力量提升教育质量是时代的要求。我们要用最合适的方式输出最好的教育,不忘教育“立德树人”的本质。

五、问题与总结

从课堂教学走向线上教学,再到混合式教学,无论是学生“学”的环节,还是教师“教”的环节,目前线上线下混合教学模式还存在许多问题,还有许多需要改进的地方。首先,成绩评价模式的改变,难免产生不适应感,比重分配的考虑中,需要调高对学生影响最深环节的比重。而哪个环节是对学生影响最深的,这是需要继续探讨的。其次,适当加大的课业负担,会有一部分学生发出反对的声音。再次,实行混合式教学,以40人内的小班效果为佳,班级容量扩大后,因为时间的限制,一些效果得不到最好的发挥,例如无法做到所有人都进行PPT展示。最后,视频制作需要进一步完善知识信息点。如何结合学生的实际情况,把最关键的信息以最合适的方式传达给学生,需要持续进行完善与更新。

混合式教学改革、金课建设的探索,刚刚起步但刻不容缓。每一个模块都需要政策上的支持、老师的用心付出及学生的配合。金融学混合式教学模式的初探,旨在构建“线上线下”教学体系,在教学实践过程中,总结混合教学模式所面临的问题,为优化学生在线学习效果提供依据,最终形成以学生为中心、以教学实践为重点、关注学生自主学习过程的新型教学模式。MOOC 是信息技术与教育教学深度融合的结果,是当代“互联网 + 教学”融合创新的体现,不仅推动了学校混合式教学和在线学习的发展,带来教与学新型关系和教学组织新型模式,也为学校改革教育教学和提高教育教学质量提供了实践基础。以此为基础,共同探索找出打破传统课堂“满堂灌”和沉默状态的教学模式,强化课堂教学师生互动、生生互动效果,提升学生对课程的参与度,是打造市属院校专业基础课程线上线下混合式金课的最终目标。

参考文献:

[1]柏金,王谦. 工程热力学线上线下混合式教学模式的构建与优化[J]. 高等工程教育研究,2019(S1).

[2]李莉莉. 线上教学常态化下的“互联网 +”翻转课堂模式在护理教育新生态研究[J]. 教育教学论坛,2020(53):265 - 267.

新冠肺炎疫情背景下本科生学术写作能力建设的探索与实践①

廉永辉

摘　要：大学生写作能力差是本科生毕业论文质量差的根本原因。首都经济贸易大学金融学院高度重视对本科生写作能力的培养，在新冠肺炎疫情背景下，通过开设特色课程、举办研讨班、提供线上学习资源和配备学术论文写作导师等举措，有效提升了本科生的学术写作能力，并在学生毕业论文质量、发表学术论文和参与竞赛获奖方面取得了良好成效。

关键词：新冠肺炎疫情，本科生，学术写作能力，毕业论文

一、引言

近年来，大学生写作能力差的现象引起广泛关注。由于中学教学缺乏对于理性写作的训练和逻辑性写作的培养，以及互联网时代通俗化、趣味化网络流行语言的冲击，许多大学生在写作过程中不会运用逻辑思维构思布局和组织思想，不善于搜集证据和取舍素材，不会提炼观点，不能用准确的语言表达和展示结论。大学生写作能力差在学术写作方面的表现尤为严重，无论是本科生的课程论文、学年论文还是毕业论文，在论点、论证、论据方面均存在诸多缺陷，难以达到“观点鲜明，条理清晰，论证充分，语句通顺”的标准。尤其在毕业论文方面，本科毕业论文质量堪忧——选题陈旧、内容空泛、结构紊乱、论证薄弱、格式混乱，甚至出现抄袭、剽窃、拼凑论文等学术失范现象。对此，教育部于 2018 年专门印发了《关于加快建设高水平本科教育全面提高人

---

①　本研究获首都经济贸易大学 2020 年教改立项“本科生毕业论文质量：评价体系、关键障碍和提升策略”项目经费支持。

作者简介：廉永辉，首都经济贸易大学金融学院讲师。

才培养能力的意见》,明确提出“加强对毕业设计(论文)选题、开题、答辩等环节的全过程管理,对形式、内容、难度进行严格监控,提高毕业设计(论文)质量”。不过,从根本上讲,本科毕业论文质量的改善,有赖于本科生学术写作能力的提升。对此,首都经济贸易大学金融学院高度重视学生写作能力的培养,在实践中探索出了提高本科生学术写作能力的可行方案,切实有效地提升了本科教学质量。

2019 年末,新冠肺炎疫情暴发,由于其感染人数众多、传染性较强,全国绝大部分地区在 2020 年初开始采取限制出行、避免聚集的政策,而高等院校的开学与教学作为一种学生及教职工大范围迁移和聚集的较大规模活动,在疫情冲击下势必受到波及。在这一情势下,为响应教育部“停课不停教、停课不停学”的号召,网络教学成为填补学习空档期的热门方法。我们也充分利用多种网络教学工具、采取多种措施提升本科生的学术写作能力,并取得了较好的教学效果。

二、提升本科生学术写作能力的四大举措

(一)开设金融学专业论文写作特色课程

该课程性质为专业选修课,开课时间为大三上学期,共 32 课时,先修课程为计量经济学、统计学,由 10 余名教师组成讲师团负责授课。课程以切实提高金融本科生论文写作水平为目标,训练学生使用微观计量模型对金融领域选题进行实证研究的基本能力。课程内容包含四个部分:①计量经济学基本原理回顾与实证研究思维方式培养(8 课时);②Stata 软件基本操作训练(8 课时);③论文解读和选题指南(8 课时);④论文汇报和讲评(8 课时)。通过完整学习,学生能够掌握实证研究思维方式和运用计量经济学工具进行研究设计、阅读一定数量的高水平论文、掌握 Stata 软件的基本操作技能,做到自主选择合适的论文题目,应用主流研究方法,写出框架完整、逻辑通顺、形式规范的学术论文。

(二)常态化地举办论文研讨班

自 2016 年以来,金融学院坚持每周三举办论文研讨班,至今已连续举办了 150 余期。因疫情原因,第 118 ~ 150 期采取网络会议模式(见图 1)。论文研讨班主要邀请国内外高校老师汇报工作论文、邀请编辑部编辑讲述论文投稿要

点,同时研讨班每年还会留出5次左右时间,由本校博士生、硕士生和本科生汇报工作论文。在此过程中,本科生不断接触金融领域研究前沿,开展论文写作的积极性得到有效调动,学术论文写作能力明显增强。

论文研讨班第134期:论文写作中需要注意的问题

主要来原:发布时间:2020–07–14

2020年7月8日,由首都经贸贸易大学金融学院主办的本学期最后一期讨会——论文研讨班第134期以线上讲座的形式如期举行,金融学院的师生丝毫不改以往的热情,积极参与到本次研讨会中来。本期论文研讨班邀请到了《中国农村经济》《中国农村观察》杂志社副社长兼编辑部主任潘劲教授为金融学院师生做主题演讲,会议主题为“论文写作中需要注意的问题”。本次会议由我校金融学院的院长尹志超老师主持,金融学院的教师、硕博研究生约50余名参加了此次学术会议。

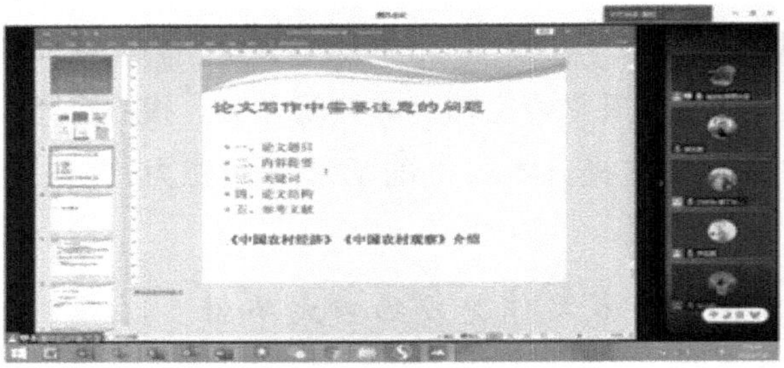

潘劲教授进行主题分享

图1 第134期论文研讨班通讯稿截图

资料来源:https://jrx.cueb.edu.cn/xwdt/111183.htm.

(三)为本科生提供多元化论文写作学习资源

新冠肺炎疫情冲击凸显了线上学习资源的重要性。金融学院组织老师搜集整理了中国大学MOOC、超星名师讲坛等网络学习资源中涉及学术论文写作的多媒体资源(如北京大学姚洋教授“如何发表高质量经济学论文”系列讲座),同时组织老师录制论文写作指导视频或撰写论文写作心得体会,并通过自媒体平台(如高杰英老师的今日头条号)发布。此外,还搜集多个与学术论文写作相关的优质公众号(如刘西川阅读写作课、Stata连享会等)和国内著名经济金融类期刊编辑部公众号(如经济研究公众号、金融研究公众号等)并建议同学关注浏览。这些线上的论文写作资源与课堂内容形成互补,并且具有更高的自由度,能潜移默化地提升本科生的学术素养和写作能力。

(四)为本科生配备论文写作导师

依托金融学专业论文写作课程,为学生配备学术论文指导老师,并且这种指导关系会顺理成章地延续至毕业论文的指导。导师通过与学生的不断交流,逐渐了解学生的个性和特长,因人而异地制订学习计划,将自己的科研方向、心得体会潜移默化地传递给学生,引导学生跟踪教师的科研方向;学生则在导师的指导下有步骤地推进论文写作。在导师指导学生的具体过程中,采取了多种方法增强学生的学生写作能力。例如,鼓励学生参与教师承担的各级科研课题,让学生从低年级开始尝试科研和学习学术论文写作;设置学生科研专项,鼓励富有钻研精神的学生积极申报课题;通过大学生科技创新活动等课外科技活动加强学生的科研训练,促进其科研意识的养成。

三、提升本科生学术写作能力的成效显著

(一)毕业论文质量明显提高

自 2016 年以来,金融学院有 18 篇本科毕业论文获评校级优秀毕业论文,其中 4 篇论文获评 2019 年北京市普通高等学校优秀本科生毕业论文(见表 1)。

表 1　近年来金融学院本科毕业论文评优情况

年度	毕业论文题目	学生姓名	指导老师	评优级别
2016	生育新政背景下“二胎保险”问题研究	王琳	张小红	校级
2016	中外股票市场联动效应研究	赵晗	张萍	校级
2016	中国交通基础设施建设投资与进出口贸易关系研究	龙心怡	高杰英	校级
2016	基于预防资本骤停风险的最优外汇储备规模研究	闫飞宇	陈奉先	校级
2017	基于不同残差分布假设的 GARCH 族模型对上证指数波动性研究	张博尧	刘威仪	校级
2017	人民币汇率波动机制的研究与预测	张瀚潮	王强宇	校级
2017	我国大、中小型商业银行差异化资本监管研究	苏鸿熙	王婉婷	校级
2017	金融危机下的欧式障碍期权定价方法研究	叶霖	杨阳	校级
2018	美国货币政策不确定性的溢出效应	齐雯	冯瑞河	校级
2018	金融技能与家庭金融财富	张子琦	尹志超	校级

续表

年度	毕业论文题目	学生姓名	指导老师	评优级别
2018	中美银行网络结构特征与系统性风险传染	王子丰	周晔	校级
2018	基于 VaR 模型的互联网金融投资风险度量	郝欣宇	谢飞	校级
2019	去杠杆背景下的国企民企信贷错配问题	陈静益	高强	市级
2019	融资融券与股价崩盘风险的实证研究	张浩原	张萍	市级
2019	经济政策不确定性对金融市场的动态影响研究	吴秦越	杨阳	市级
2019	我国上市银行系统性风险研究	赵敏	张萍	市级
2020	工伤保险对尘肺病患者就医行为的影响研究	刘思婕	马丽娜	校级
2020	同业业务、资本充足与银行风险承担	王昕	高杰英	校级

(二)本科生发表学术论文取得显著成效

例如,廉永辉老师指导金融学院2016级学生黎梦瑶在国内核心期刊发表论文2篇,具体如下:

黎梦瑶,廉永辉. 利率市场化如何影响商业银行净息差?——基于我国38家商业银行的实证研究[J]. 金融发展研究,2020(2):75-84.

廉永辉,黎梦瑶. 企业金融化与资本结构调整速度[J]. 财经科学,2020(8):1-12.

沙叶舟老师指导金融学院2015级本科生高冉在SSCI检索收录的社会科学期刊《经济建模》(Economic Modelling)发表1篇论文:

SHA Y,GAO R. Which is the best:A comparison of asset pricing factor models in Chinese mutual fund industry[J]. Economic Modelling,2019,83:8-16.

周晔老师指导金融学院2015级本科生王子丰在国内核心期刊发表论文2篇:

王子丰. 政策性保险的业务边界[J]. 中国金融,2017(11):65-66.

王子丰,周晔. 中美上市银行高维网络结构特征与系统性风险传染[J]. 金融经济学研究,2018,33(4):35-45.

此外,还有多位老师指导本硕博贯通培养项目的学生在权威期刊发表多篇论文。

（三）本科生参与各类竞赛的成绩优秀

得益于学术写作能力的提升，学生在各类学科、学术竞赛中表现突出、成绩优异。近五年参加"互联网+"大赛、"挑战杯"等各类竞赛成绩斐然，获294项省部级以上奖励，其中国际赛事获奖36项，国家级赛事获奖73项。

四、结语

写作能力是金融科班出身学生的一项基本能力，学生未来无论从事研究工作还是去业务部门工作，良好的写作能力都是一项制胜法宝。我们的大部分人际交往，都发生在不碰面的状态下，无论是在线上投递简历，还是在微信群里跟人开会，抑或在邮件里跟供应商谈判、用文案说服目标客户，在这种情况下，眼神、微笑、声音、动作根本使不上，只有文字才可以打动别人。幸运的是，良好的写作能力并不是仅少数人拥有的天赋，而是一整套任何人都可学到的技能。首都经济贸易大学金融学院通过开设特色课程、举办研讨班、提供线上学习资源和配备学术论文写作导师等举措，有效提升了本科生的学术写作能力，并在学生毕业论文质量、发表学术论文和参与竞赛获奖方面取得了良好成效。未来金融学院将继续在实践中进一步探索提升本科生学术写作能力的措施。

参考文献：

[1]黎梦瑶，廉永辉．利率市场化如何影响商业银行净息差？——基于我国38家商业银行的实证研究[J]．金融发展研究，2020(2)：75－84.

[2]廉永辉，黎梦瑶．企业金融化与资本结构调整速度[J]．财经科学，2020(8)：1－12.

[3]王子丰．政策性保险的业务边界[J]．中国金融，2017(11)：65－66.

[4]王子丰，周晔．中美上市银行高维网络结构特征与系统性风险传染[J]．金融经济学研究，2018，33(4)：35－45.

[5]SHA Y，GAO R. Which is the best：a comparison of asset pricing factor models in Chinese mutual fund industry[J]. Economic Modelling，2019，83：8－16.

新冠肺炎疫情背景下大学课堂教学问题研究

梁万泉

摘　要:新冠肺炎疫情背景下,大学课堂教学大部分由线下转为线上。线上授课虽然有一定的优势,但也带来了很多问题。本文针对大学线上课程的缺陷进行了分析,并提出了解决对策。

关键词:新冠肺炎疫情,线上,问题,对策

2019 年底暴发的新冠肺炎疫情严重威胁我国人民的生命安全和身体健康,对我国的经济、金融造成了极大的影响,同时也极大地影响了全国各高校的教学工作。2020 年初,教育部提出了“停课不停学”的举措。在此基础上,各类学校与相关线上平台等展开了合作,充分利用平台资源,通过互联网平台建立起线上课程。新冠肺炎疫情临时性地让中国变成一个大规模的测试平台,近几十年来有关线上教学和突破传统学校教学模式的许多理论得到检验。线上教学对于教师的教和学生的学都提出了新的要求,师生双方都需要做出改变,来适应线上教学活动的开展。本文通过分析高校线上课程的形式,从线上课程互动的角度进行探析,提出了具有一定实用性的思考和建议。

一、新冠肺炎疫情背景下大学线上课程的主要形式

线上教学分为直播和非直播两种教学方式。新冠肺炎疫情期间,能够实现的直播教学形式多样,常用的方式包括利用超星平台、学习通、腾讯课堂、雨课堂、腾讯会议、企业微信、钉钉、Zoom、QQ 群视频等平台进行的在线直播。而非

作者简介:梁万泉,内蒙古赤峰人,首都经济贸易大学金融学院教师,主讲课程:商业银行经营管理等。

直播方式主要包括腾讯课堂、云班课、课堂派、雨课堂等提供的网络在线课程,以及授课教师的课程录播。首都经济贸易大学和超星合作,利用泛雅平台和学习通的线上直播和录播进行大学课程讲授。从2020年北京高校课堂两种教学方式实施情况看,大多数高校的课堂教学在疫情期间最终选择了直播为主、非直播为辅的教学模式。

在线直播同步教学是指教师和学生在不同空间,利用互联网等信息技术开展的同时间、同步调、同进度的教与学活动。在线直播是目前最接近传统课堂教学的一种授课方式。直播非常利于学生与教师之间的沟通互动,通过学生发言,教师可及时掌握课堂学习情况,发现学生对知识点的掌握情况,查漏补缺,获得更好的教学效果。在线直播对网络的流畅度要求很高,需要在课前进行网上试课。教师可以在与学生约定的时间段,分别尝试不同平台的直播方式,进行声音测试、屏幕共享和PPT演示。同时,还可以让学生体验课堂签到、连麦、讨论区互动、作业下载和提交等操作。

二、线上课程的优点

与传统的课堂教学相比,线上教学最大的优势在于教学过程不受时间空间限制。例如,线上非直播教学方式使得学生学习时间不受限制,可以随时进行线上学习,并通过人机交互、生生交互和师生交互等提高学习效率。同时,线上课程的建设为未来线下课程的备课和教学提供了更多的思路与方法,对于老师而言,线上教学有助于提升其授课思维和备课逻辑。另外,线上学习资源丰富,学生学习时间比较灵活,学生错过课堂学习还可以通过课程回放功能进行弥补。这在一定程度上增强了学生的学习积极性。但是,线上建课与线下备课的课程内容是有很大不同的,老师线下备课的经验为线上建课打下良好的基础,将线下课程内容以另一种全新的方式进行展示和教授,共享优秀课程资源。

三、新冠肺炎疫情背景下大学线上课程的缺点

随着线上教学模式的逐步推进,学生的好奇心也在逐步减弱,慢慢也暴露出了线上教学的缺点。其中最突出的问题包括以下几方面:

(一)师生互动性不强

在线下教学时,师生互动比较容易;而在线上教学中,师生互动相对比较困难。线下教学一节课时长可以是 40～45 分钟,而线上教学一节课的时长就要大大缩短,一般 20～25 分钟即可。线下教学,教师可以用板书来进行授课,而线上教学更多的是借助于课件来传递知识。在网络课堂上,师生之间不能真正地面对面交流,师生间的沟通程度比课堂教学要差很多,师生间的互动被弱化。同时,由于缺乏面对面的教学环节,线上课堂中教师对学生的学习行为难以进行监管及督促,对学生的学习掌握情况难以及时了解和把握。如何生动地与学生进行课堂互动,如何更有趣味地进行课程呈现,如何有效地安排课后练习等,都需要老师对以往的教授手段进行变革,这也是一个巨大的挑战。由于线上教学师生互动较少,教师很难了解学生的实时学习状态,许多现场教学的有效方法无法使用或无法发挥作用,导致学生探究意识弱化,主动学习意识降低,教学效果欠佳。

(二)教师对课堂敏感度不足,难以对学生学习效果进行实时评价

对于教师来说,由于其普遍缺乏网络直播经验,网络平台的各种辅助功能需要其逐渐接受并适应,教师既要讲好课堂教学内容,又要灵活运用信息手段,还要随时观察学生的听课状态并作出调整,在这种情况下,即使是教学经验丰富的教师也会感觉力不从心。在目前的线上教学模式下,老师无法即时掌握学生情况,这会使得学生受教程度的参差不齐情况更加严重。相应地,这种环境的距离感会使得学生在上课过程中注意力分散,回馈性也会相应变差,加之效果考核体系不完善、缺乏有效的评价机制,学习氛围整体弱化。

(三)对学生自主学习能力要求很高

线上学习同时还存在一个很大的局限性,那就是对学生自主学习能力要求很高,学生对于线上学习也有一个逐渐适应的过程。线上学习缺少学校的学习氛围,自制力较差的学生没有了教师的约束,注意力容易分散,学习状态差、效率不高。尤其是网络环境下娱乐和诱惑信息较多,容易分散学生注意力。传统的线下课堂教学模式,教师对课堂教学的掌控力度较大,即使学生的自主学习能力不强,每一堂课在教师的管控下学生也能够完整地听下来。而线上学习则不

同,教师无法有效管控学生的学习过程,因此学习自觉性不强的学生很容易逃避学习。学生自我管理与自主学习能力的不足,将使得学习效果大打折扣。对于态度认真的同学,通过互联网资源的课程的回放功能,可以进一步加深对知识的巩固;但对于态度散漫的学生而言,互联网大量纷杂的资源使得学生在直播讲解中不够重视课堂内容,导致学习效果不佳。

(四)班级群体文化难以形成

学习是需要在群体行为中相互激励和相互促进的,这也是学习的良性竞争。这一切都需要优良的班级文化来激发,学习氛围对学生学习的影响很大,一个好的班级学习氛围能够促进学生学习能力的提升,同样班级学习氛围不好也会影响到学生个体的学习。在线上学习模式下,班级是松散的,学生一个人在独立的环境中面对电子设备,不能在群体学习环境中形成正向共振,也就影响了学生的学习效果。学生感受不到课堂的气氛和教师的激情,取而代之的是手机和电脑的方寸屏幕,这种教学分离容易造成学生对线上教学活动的无力感和厌倦感,在心理上形成消极的学习体验。同时,伴随着监管机制的缺失,学生在线学习的时间和效果难以保证,易逐渐失去对线上教育的信心。

此外,上课期间的流量峰值是一般的平台服务器无法承载的,但出于统筹管理的需要,又不得不使用指定的平台,这也对教学效果产生了很大的影响。对此,很多老师在进行线上教学时,仍采取类似线下教学的方式,仅将上课的场地由教室转移到了网络上,将面向学生变成了面向电脑。

四、解决新冠肺炎疫情背景下大学线上课程互动问题的对策和建议

(一)选择合适的线上授课模式

一般来说,采取录课模式和直录混合模式,是可以满足课程的教学需求的。录播解决了部分学生因环境因素无法实时上课的问题,录播可以丰富课堂内容的呈现方式,增强师生互动和学生互动,课程内容更加饱满,课程逻辑更加严谨,老师的授课语言更加幽默、风趣、生动,有效抓住学生的注意力。在线上授课的时候,要充分利用课程教学团队前期教学资源并制作新的教学资源,采用大学 MOOC(慕课堂)+腾讯会议+微信群的复合型教学模式授课。充分利用中国大学 MOOC 平台慕课堂管理功能,强化线上互动学习交流,激发、培养学生

主动独立学习能力;可利用腾讯会议直播对课程主要知识点(重点和难点)进行讲解,使学生进一步理解和消化;通过微信群发布通知,进行及时信息沟通,取得的效果非常好。

(二)丰富线上教学技巧

任课教师在网络直播平台教学中,要尽可能调动平台上的多种手段促进教学,同时将自身教学特点与教学技巧有机结合,充分激发学生的学习兴趣。根据多媒体课件呈现认知理论,对线上多媒体课件进一步优化和调整,增加视频和动画比重,并适当采用游戏奖励等手段抓住学生注意力,同时关注呈现内容情境转变的频率,提高记忆效率。教师课前可以布置一些与课程内容相关的综合性题目,通过讨论板块发布,学生参与讨论,同时要求学生制作预习任务单并上传。预习任务单包括自我设定下一章节的学习目标以及在预习中遇到的难点。教师要在问题群和微信群中与学生提前沟通,一方面消除陌生感和隔阂感,另一方面了解学生对线上教学的心理期许和愿望,以及偏好的学习方式,以便教师及时调整教学设计和教学方法。此外,定期召开线上学生座谈会,认真听取学生对线上教学的意见和建议,做好记录并归纳总结,妥善解决学生的诉求,对于诉求比较强烈的,尽可能开展一对一、个性化的疏导和支持;同时,针对线上教学效果展开问卷调查活动。

(三)充分利用各种线上线下平台增加互动授课

在线上授课期间,教师可以利用相应的互联网信息技术,设置相应的操作考验,要求学生采取相应的互动操作,同时教师可将课程拆分成更多的小节知识点,进行独立讲解与交互设置,以便于学生理解和记忆。教师要掌握学生的出勤情况并控制学生设备,如通过关闭学生音频维持课堂纪律,也可以发起讨论增加互动。通过调研、试用,结合教师意见和学生反馈,可以选择简单实用的钉钉和学习通作为线上教学平台,辅以微信群交流,加强师生互动;除了线上授课外,还可以进行线上答疑和辅导、留言、班级圈重难点、小视频讲解等,使网上教学生动、活泼、有趣。在线上教学过程中,更应注重启发式教学方式,通过教师提问、小组讨论等方法及时对正在教授的知识进行探讨和解疑,活跃课堂气氛,充分激发学生学习的主观能动性。在提问环节,教师需注意提出疑问后要给学生留出一定时间，引发学生思考，而不要立即给出问题的答案。

（四）做好教师培训是关键

线上线下混合式实践教学模式的成功开展关键在教师。如果教师本身信息化素养不高、接受能力不足、主动性不强，混合式教学模式的改革创新就难以进行，即便勉强开展教学，教学效果也难有保障。针对线上课程，面对新事物，教师应该多吸收新技能、新思维，保证课程的前沿性以及呈现手段和创意的多样性。高校要加强在线授课技术和方法的培训，鼓励教师充分利用好在线教学平台的优质课程资源，开展教学内容改革和教学模式与方法创新。

参考文献：

［1］魏宁．浅谈“连接主义”理论下的线上教学模式设计［J］．浙江教育技术，2020(3)．

［2］王冰钰．高校课堂互动型教学模式中的学生行为研究［J］．教育教学研究，2019(2)．

［3］王杜春．线上线下混合教学将是后疫情时代的主要教学模式［J］．中国农业教育，2020(2)．

［4］王铮．新冠疫情下高校线上教学策略探讨［J］．河南财政税务高等专科学校学报，2020(6)．

新冠肺炎疫情背景下网络教学的优劣分析

刘妍芳

摘　要：网络教学突破了空间的限制，有利于优质教育资源的共享；网络教学打破了时间限制，有利于节约时间成本。但网络教学也对教师和学生提出了新的挑战和要求，不同于以前的教学形式，它是新冠肺炎疫情背景下不得已采取的教学方式，但其代表了科技引领教学的一种趋势。网络教学有优点，也有缺点，要让网络教学发挥最大的作用，就需要扬长避短。

关键词：新冠肺炎疫情，网络教学

随着计算机技术的发展，“黑板 + 粉笔”的传统课堂教学模式已被黑板 + 课件、微课、慕课等的新型教学形式所取代。新型教学形式结合了传统教学和多媒体教学的优势，是当下最有效的一种教学形式。但 2020 年新冠肺炎疫情打破了我们一直沿用的传统教学方式。高等学校为了“停课不停教，停课不停学”，新型网络教学成为主流。网络教学，是指利用计算机网络设备和互联网技术对学生实行各类课程的教育，通过网络进行一点对多点的交互远程教学模式，又称线上教学。网络教学的形式和手段多样，常见的有视频广播、Web 教材、视频会议、多媒体课件、BBS 论坛、聊天室、微信等。网络教学不同于以前的教学形式，它不受时间和空间的局限，具有一定的优点。但它毕竟是疫情背景下不得已采取的教学方式，对教师和学生都是新的尝试、新的挑战，需要逐渐适应。网络教学要发挥最大的作用，就需要扬长避短。

作者简介：刘妍芳，经济学博士，首都经济贸易大学金融学院副教授。

一、网络教学的优点

（一）网络教学突破了传统教室的限制，可以实现优质教育资源的充分共享

网络世界中，各地各类的教学资源云集，网络教学不再受限于传统的教室。通过重新配置资源，网络教学可以使已有的优质教育资源价值最大化。优质的教育资源可以通过网络平台输送到全国甚至全球各地，这不仅有利于促进教育公平化，也大大提高了优质资源的利用率。这对于教育资源相对薄弱地区是非常有利的。

网络教学的对象不受空间限制，可以突破传统教室的限制，改变传统教室里"一位教师、几十个学生"的上课模式，从而实现资源的最大化利用。

（二）网络教学可以打破时间限制，更具灵活性

网络教学使学习模式变得更加灵活，时间的选择更灵活。只要有网络，学生随时随地可以参与学习，教师还可以根据授课的内容，灵活选择授课场景，增强课堂的趣味性和灵活性，做到情景化教学。

网络教学方式多样，既可以是实时的，也可以教师制作完视频后再上传。不管哪种方式，学生都可以回放，这样就可以随时观看教学视频学，可以自由地选择学习的环境，学生的思维也不会受到传统教学课堂的限制，从而避免传统填鸭式教学课堂带来的紧张感。遇到不明白的地方，学生既可以反复回放观看，也可以暂停下来进行研究思考，学生学习的主动权大大增加。

（三）网络教学可以更好地满足多样性和个性化需求

与传统课堂教学相比，网络教学的优势还在于课堂资源的可重复利用，一节课的资源可以被多次回放。所以，只要学生有学习的愿望，掌握学习内容不成问题。

网络教学不仅资源丰富，网络授课教学呈现方式也多样化，直播、录播、微课等可以为学生提供多样性和个性化的服务。网络教学还可以设置灵活多样的互动和在线答疑环节，以满足学生的不同需求。

（四）网络教学可以在家里进行，大大节省师生的时间成本

网络教学，老师和学生不需要赶往教室，这大大节约了双方的时间成本。

老师可以有更多的时间用于备课,学生也可以节省时间用于学习,从而大大提高教学效率。

二、网络授课的缺点

网络教学的蓬勃发展为传统课堂注入了新的活力,但是新冠肺炎疫情背景下的网络授课也暴露出教师与学生云端相望,有效沟通交流不足,教育技术能力不足等问题。网络教学绝不仅仅是把线下课程直接搬到线上那么简单,教师、学生、管理者以及相关教育企业都面临一些新的问题和挑战。

(一)师生之间缺乏面对面的交流,线上互动效果不佳

网络教学,教师面对的是云端的学生,缺乏和学生的面对面交流。部分学生不喜欢开启摄像头,隐藏在电脑后,这就导致师生之间沟通交流更少。在网络课堂上,不仅师生之间沟通交流不够,生生之间的自由讨论也非常不便。而思想的火花往往是在沟通交流中产生的。

线上的沟通有时会慢半拍,即使同步也往往不如面对面交流的效果明显。此外,学生一直面对电脑,难免出现注意力不集中、溜号儿的现象;教师面对的也是电脑,上课容易缺乏激情。网络课堂往往比较沉闷。

(二)学生自主学习能力不足会严重影响网络授课的效率

网络授课对学生的自主学习能力提出了更高的要求。学生从传统的教室转移到环境宽松的家里学习,这就要求学生具有更高的自律性和自主性。在线下学习中,学生相互竞争的氛围比较浓厚, 而在线上课堂中这种同堂竞争氛围远远不够。学生容易形成一个人在家学习的感觉,课堂上的参与感不强,不利于激发学生学习的积极性。另外,家庭氛围和网络环境容易导致学生分神、开小差,这些都会影响学习效果。一些学生在家学习会有惰性,缺乏自制力,上课迟到、旷课现象比正常课堂教学明显增多。

(三)网络授课的效果很大程度上取决于网络和计算机等的技术支持

网络直播课堂需要流畅的网络做保证,卡顿、模糊不清等情况都会影响上课效果。有些网络教学平台经常出现因同时使用人数过多、平台超负荷运转而崩溃的现象,这必然会严重影响教学效果。学生家里的网络状况,手机、电脑等硬件设备的性能,如网速、电脑故障、停电等都会影响上课的正常进行,影响学

习效果。另外,环境是否安静也考验着学生的专注性和自控力。

(四)长期的网络授课会对学生的身心造成不利影响

长期的网络授课可能导致学生对网络和电子产品的过度依赖,学生和同辈们缺乏面对面的线下沟通交流,这些将会对学生的心理产生一定程度的不良影响。学生长期使用电子产品进行学习,也存在伤害身体健康(如视力)的潜在风险。

三、对策

(一)教师要加强网络课堂的建设,提高学生的课堂参与度和学习的自主性

优质和完备的教学资源是保证网络教学成功的重要条件,要保证教学资源丰富有趣。教师在备课时,可以多设置一些情景对话,让学生多多参与。教师要适当掌握一些网络流行语,以便更好地和学生沟通,也让课堂更风趣。此外,教师要不断加强对学生自主学习探究能力以及合作学习能力的培养,多布置一些自主学习的作业和合作学习的研讨。课堂上尽量不要满堂灌,要启发学生思考,营造一个互动良好的教学环境。网络直播授课时,老师和学生都要打开摄像头,尽量多一些云端的“见面”。

(二)改善相关软硬件条件,优化网络直播环境

网络教学平台的稳定性是网络教学成功必要保障。学校和有关企业要完善网络学习平台功能,保证在线学习稳定进行,保障平台正常运行。各有关部门要加强协调,通过错峰上网等方式,保证学生学习时的网络畅通。

(三)加强管理和培训,丰富教育资源,提升教学平台功能

学校管理层要及时了解学校情况和教学需求,适当调整课程教学计划,结合网络教学平台课程资源特点和技术优势,为教师提供丰富可选的教学资源和平台。通过培训,为教师提供教学平台及软件支持服务,帮助教师和学生适应新型教学环境,掌握在线教学技能,处理在线上教学过程中遇到的网络技术难题,提高在线教学效果。

随着科学技术的不断发展,计算机网络技术将会在各国教育事业中发挥越来越重要的作用。网络授课虽然是新冠肺炎疫情背景下不得已的选择,但也未

尝不是将来课堂教学的一种趋势。作为教师,我们应当紧跟时代发展的步伐,不断改善自身教学方法,顺应时代发展的潮流。

参考文献:

[1]闫晓丽. 计算机网络环境下自主学习模式与课堂教学模式的优缺分析[J]. 数码世界,2020(10):142-143.

[2]杨军. 新冠疫情下本科网络教学的"贯彻危机"[J]. 产业与科技论坛,2020(13):202.

[3]潘莉萍,王静. 新冠肺炎疫情下"网络教学"现状分析与对策研究[J]. 教育教学论坛,2020(40):284-285.

对非利息收入业务验证性教学方式的探讨

龙　菊　李雪芳

摘　要：近年来，商业银行为了扩大收入来源，加大了对金融市场的参与力度，广泛开展各种非利息收入业务。商业银行不但是金融机构的主体，也是金融市场的重要参与者。那么，商业银行在非利息收入业务领域的投入是否越多越好？不同类型的商业银行在业务定位上有无差异？笔者在讲授金融机构与市场课程基本知识的同时，引导学生搜集中国银行业非利息收入业务的相关数据，并进行验证性分析，以缩短课堂教学与实际业务的距离，培养学生客观判断金融业务的意识和能力。

关键词：商业银行，金融市场，非利息收入业务

一、对非利息收入业务基本含义和各种观点的介绍

非利息收入指商业银行除利差收入之外的营业收入，主要是中间业务收入和咨询、投资等活动产生的收入。具体项目包括：存款账户的服务费用；其他服务费和佣金收入，包括代客买卖证券、贵重物品保管、信息咨询、办理信用卡、承销国债等收入。此外，还包括银行所得的信托收入、融资租赁收入、表外业务收入等。就国内商业银行来看，尽管非利息收入占比总体不高，但提升速度较快。许多商业银行认为非利息收入业务不仅可以降低自身的经营风险，也是重要的业绩驱动力量。因为非利息收入的提高意味着银行规模扩大和收入多元化，能够增强银行经营的稳定性，分散业务风险，提高盈利水平。但两者之间是否存在单一的正向关系，并没有确定的答案。对于非利息收入业务占比如何影响银行的经营绩效，目前存在以下三种观点：

作者简介：龙菊，首都经济贸易大学金融学院教授，主要讲授金融市场学、金融机构与市场等课程。

李雪芳，首都经济贸易大学金融学院硕士研究生。

(一)非利息收入业务占比提高对银行绩效水平有积极影响

Saunders等(2014)以2002—2013年美国银行业的数据为基础,研究发现非利息收入占比越高,盈利能力越强。国内学者赫国胜和徐洁(2010)通过对中国银行业相关数据的分析得出,非利息收入与银行收益存在正相关关系,所以要大力发展非利息业务以提高银行盈利水平。刘莉亚等(2014)使用中国1998—2012年的银行业数据,发现净息差与非利息收入表现出相互替代的关系,并且这种替代关系在不同类型银行之间差异明显。

(二)非利息收入业务占比提高对银行绩效水平影响不明显

Liu和Reichert(2013)以美国银行持股公司为研究对象,发现费用收入多元化对银行绩效有较强的积极影响,而表外业务多元化对银行的收益有不利影响。国内学者黄隽和章艳红(2010)认为,非利息收入在拓展银行利润来源渠道的同时,也给银行带来了更大的风险,且银行风险与其资产规模同向变化。李梦雨(2014)通过对上市银行和非上市银行的研究,发现综合经营有利于前者的管理水平和盈利能力的提升,但对后者则有严重的负面影响。

(三)非利息收入业务占比提高对银行绩效水平有负面影响

Calmes和Ying Liu(2009)分别以美国和加拿大银行业的相关财务数据为样本,研究得出过多地依赖非利息收入不利于提高银行利润的结论。Berger等(2010)针对中国银行的实证研究表明,贷款、存款和资产等的非利息收入会降低银行收益、提高经营成本。国内学者方面,李明辉等(2014)通过研究发现,非利息收入的提高不能带来银行盈利水平的明显提高,但会导致传统业务收益率的下降。李广子、张翼(2016)认为,非信贷业务会降低银行绩效,非信贷业务较高的波动性会增加银行的经营风险。

二、对国内银行非利息收入业务现实数据的验证性分析

上述观点究竟哪一种更符合中国银行业的实际情况呢?商业银行在非利息收入业务领域的投入是否越多越好?不同类型的商业银行在盈亏平衡点上有无差异?为了缩短课堂教学与实际业务的距离,培养学生客观判断金融业务的意识和能力,笔者按照自愿参与的原则,选取5位学生组成一个团队,以真实

数据为依据,进行验证性分析,并要求提交分析报告,将分析结果以 PPT 方式向全班同学汇报并讨论交流。

该组学生在分工合作的基础上,选取了 36 家国内银行 2008—2017 年的年度财务数据。这 36 家银行包括 4 家国有大型商业银行(中国工商银行、中国银行、中国建设银行、交通银行),10 家股份制商业银行(华夏银行、平安银行、浦发银行、兴业银行等),18 家城市商业银行(上海银行、九江银行、北京银行、南京银行等),4 家农村商业银行(合肥科技农村商业银行、上海农商行、吴江农村商业银行、鄞州银行)。

(一)确定分析变量

该组学生根据研究目标,首先确定被解释变量(y):银行绩效水平指标。选择总资产收益率(roa)和净资产收益率(roe)作为被解释变量来衡量银行绩效水平,其中 roa = 净利润/总资产,roe = 净利润/所有者权益。然后是解释变量(x):选取非利息收入($niir$)作为解释变量,$niir$ 被定义为银行除利息收入以外的营业收入,包括手续费及佣金净收入、投资收益、公允价值变动收益、汇兑收益和其他业务收入。由于手续费及佣金净收入是非利息收入的重要组成部分,故选取手续费及佣金净收入占营业收入的比重(com)作为 $niir$ 的替代变量。最后是控制变量:国内生产总值(gdp)和资产规模($asset$)。由于 gdp 和 $asset$ 数值较大,而 roa 和 roe 数值很小,所以使用 gdp 和 $asset$ 的对数值,分别记为 $\ln gdp$ 和 $\ln asset$。

(二)利用计量软件进行验证性分析

该组学生将银行分为国有大型商业银行、股份制商业银行、城市商业银行、农村商业银行 4 类,分别对整体样本和 4 类银行针对所述各个变量进行回归分析。学生使用 Stata 计量软件的 Hausman 检验,确定每一类银行的两个被解释变量 roa 和 roe 与两个解释变量 $niir$ 和 com 应该建立的模型。得到若干个回归结果,由于篇幅原因,此处仅选择两个回归结果展示。表 1 对应的解释变量是 $niir$,表 2 对应的解释变量是 com,被解释变量都是 roa 和 roe。

表1 以 *niir* 为解释变量的回归结果

变量及统计量	总体样本		国有大型商业银行		股份制商业银行		城市商业银行		农村商业银行	
	系数	Prob.	系数	Prob.	系数	Prob.	系数	Prob.	系数	Prob.
niir	0.000 837 3	0.871 0	−0.021 172 9	0.000 0	−0.017 476 9	0.000 0	0.005 130 4	0.012 0		
ln*gdp*	0.049 344 3	0.000 0	−0.000 989 0	0.262 0	0.006 566 6	0.001 0	−0.003 250 5	0.010 0		
ln*asset*	−0.026 084 5	0.000 0	0.0027 238	0.000 0	−0.000 615 0	0.449 0	−0.000 280 8	0.558 0		
R^2	0.504 9		0.149 1		0.373 7		0.156 4			
Prob.(F－statistic)	0.000 0		0.000 0		0.000 0		0.000 0			

表2 以 *com* 为解释变量的回归结果

变量及统计量	总体样本		国有大型商业银行		股份制商业银行		城市商业银行		农村商业银行	
	系数	Prob.	系数	Prob.	系数	Prob.	系数	Prob.	系数	Prob.
com	−0.024 584 1	0.587 0	0.462 628 3	0.034 0	−0.199 514 6	0.014 0	−0.955 006 0	0.257 0	0.494 573	0.066 0
ln*gdp*	−0.055 381 7	0.000 0	0.155 320 0	0.059 0	−0.030 198 5	0.237 0	−0.077 362 6	0.000 0	−0.066 273	0.079 0
ln*asset*	0.006 918 8	0.009 0	−0.215 347 0	0.008 0	0.030 573 8	0.000 0	0.016 049 9	0.035 0	−0.011 583 5	0.614 0
R^2	0.143 3		0.575 9		0.170 0		0.182 4		0.325 0	
Prob.(F－statistic)	0.000 0		0.000 0		0.000 0		0.000 0		0.000 9	

(三)根据分析结果判断非利息收入业务对银行绩效的影响

该组学生在数据验证的基础上,得到了以下分析结果:

首先,总体来看,银行的绩效水平 *roa* 与非利息收入业务 *niir* 之间的关系并不明显,不能判断它们之间的相关关系。

其次,对不同类型的银行来说,国有大型商业银行非利息收入业务 *niir* 与银行绩效负相关,但非利息收入占比 *com* 与银行绩效正相关。由于解释变量不同,出现了相反的结果。由此推测,国有大型商业银行除手续费及佣金净收入之外的其他非利息收入占比对银行绩效水平有明显的负效应,且这种负效应大于解释手续费及佣金净收入对绩效水平的正效应。股份制商业银行两个解释变量的回归结果系数都为负值,说明非利息收入业务对其绩效水平产生负面影响。城市商业银行的回归结果中,解释变量 *niir* 系数为正,解释变量 *com* 系数为负。农村商业银行以 *niir* 为解释变量的回归结果系数很小,表 1 中未将其列出,但解释变量 *com* 系数显著为正,说明非利息收入占比对其经营绩效有重要的提升作用。

三、对如何开展非利息收入业务提出建议

通过以上验证性分析,学生们已经可以作出科学理性的判断了。如何借助金融市场开展非利息收入业务,不同类型的银行应该有不同的选择。

(一)国有大型商业银行应该在增加手续费及佣金收入的同时稳妥开展投资业务

通过讨论,学生们认为,国有大型商业银行的手续费及佣金收入是一种稳定增长的收入,基本没有风险,很少会出现坏账,但是其他非利息收入(包括投资收益、公允价值变动收益、汇兑收益)变化频繁,会增加银行整体收入的不确定性,而公允价值变动、汇兑收益等影响因素很多。国有大型商业银行在投资领域既有人才优势,也有资金优势,应重视投资业务的开展,加强风险控制。学生们通过对国有大型商业银行年报的研究发现,其投资收益来源于两部分,一部分是投资证券所得,另一部分来自投资联营企业和设立子公司所取得的长期股权投资收益。总体来看,目前我国国有大型商业银行的投资收益占非利息业务收入的比重很低,而且其中绝大部分来自债券的投资收益,投资收益仍有很

大的发展空间。

(二)股份制商业银行在开展非利息收入业务时应精确核算盈亏平衡点

由于股份制商业银行的实证结果双双为负,学生们认为这要从两个方面来考虑:一方面,虽然手续费及佣金能够为银行带来收入,但也会增加成本。由于股份制商业银行的营业网点没有国有大型商业银行分布广泛,客户相对来说就比较少,单位成本更高,以致收入小于支出。另一方面,其他非利息收入原理与国有大型商业银行类似,即收入在零上下波动,利润时正时负,并且由于网点较少,吸收资金的能力较低,为了获得更高的利润,银行可能会选择风险更高的投资产品,这会导致收入更大幅度的波动。对于股份制商业银行来说,虽然非利息收入业务与绩效水平负相关,但在精心布局的前提下,仍应重视该项业务的发展。从营销角度考虑,需要与客户建立服务关系,通过这种关系使客户成为银行其他业务的潜在客户。

(三)城市商业银行与农村商业银行在开展非利息收入业务时应突出自身优势,扬长避短

一般而言,城市商业银行只能在本地经营,营业网点局限于本地,而各地发展水平差距很大,不同的城市商业银行非利息收入业务的规模也有很大不同,盈利水平参差不齐。但城市商业银行运用资金的能力较强,其他非利息收入能够给银行带来正的现金流,因此可以在这一块业务上多下功夫。农村商业银行营业网点分布较广泛,吸收的资金成本很低,如果能以资金中介的方式参加金融市场投资,依然能取得可观的收益。

参考文献:

[1]SANTOMERO A W, CHUNG E. Evidence in Support of Broader Banking Powers[J]. Financial Markets, Institutions, and Instruments, 1992(1).

[2]DE YOUNG R, RICE T. Noninterest Income and Financial Performance at US Commercial Banks[J]. The Financial Review, 2004(39).

[3]MUNDELL R A. The International Financial System and Outlook for Asian Currency Collaboration[J]. The Journal of Finance, 2003(58).

[4]黄国妍. 非利息收入、收入多元化与银行绩效:基于中国银行业的动态面板 GMM 估计[J]. 财经理论与实践,2018(2).

[5]黄隽,章艳红. 商业银行的风险:规模和非利息收入[J]. 金融研究,2010(6):75-90.

[6]周开国,李琳. 中国商业银行收入结构多元化对银行风险的影响[J]. 国际金融研究,2011 (5).

[7]赫国胜. 我国商业银行非利息收入业务创新的对策[J]. 中国金融,2007(1).

大学生对通识教育选修课教学模式偏好的调研[①]

马丽娜

摘　要:通识教育选修课是高等教育课程体系中不可或缺的部分,在扩展学生知识面、促进文理渗透、推进素质教育等方面发挥了重要作用。本文通过设计问卷和问卷调查,旨在了解通识教育选修课的类型、影响选课的因素、预期收获和教学模式等情况,探讨课程类型、选课的影响因素、预期收获对教学模式的偏好的影响,剖析通识教育选修课教学中存在的问题,为加强通识教育选修课建设提供可借鉴的建议和对策。

关键词:通识教育选修课,教学模式,课程类型,选课影响因素,预期收获

一、引言

通识教育选修课一般是指除专业教育之外的基础教育选修课程,选课不受专业、年级限制,教学模式灵活多样,可以采用线下教学(即传统的线下课堂教学)、线上教学或混合式教学模式。线上教学模式是指教师利用互联网、移动终端、云计算等信息化技术构建线上网络教学平台,学生利用线上网络平台自主完成线上学习的一种新型教学模式。线上线下混合式教学模式(以下简称“混合式教学模式”),即将在线教学和线下传统教学的优势结合起来的一种“线上+线下”的教学,是信息技术与传统课堂教学相融合的产物。通识教育选修课作为首都经济贸易大学本科教学课程体系的重要组成部分,在扩展学生知识面、促进文理渗透、推进素质教育等方面发挥了重要作用。截至2020年底,首都经济贸易大学通识教育选修课课程库中已有422门课程,课程门数众多,类

---

① 本文源自首都经济贸易大学教育教学改革项目“金融数据建模课程的嵌入‘微课程’的混合式教学的研究与实践”。

作者简介:马丽娜,经济学博士,首都经济贸易大学金融学院硕士生导师。

型丰富。通识教育选修课允许学生跨学院、跨专业、跨年级选课，选课学生的知识结构、专业背景和专业素养千差万别，学生生源结构复杂，选课诉求迥然相异。本文旨在通过问卷调查了解大学生对通识教育选修课的教学模式的偏好，从通识教育选修课的类型、影响选课的因素、预期收获三个维度探究哪些因素会影响大学生对通识教育选修课的教学模式的偏好，剖析通识教育选修课教学中存在的问题，为完善通识教育选修课建设提供可借鉴的建议和对策。

二、问卷的设计与调查

为调研通识教育选修课的选课现状及存在的问题，笔者设计了"通识教育选修课调查问卷"，围绕学生倾向于选修的课程类型、影响选课的因素、选课的预期收获和最喜欢的教学模式等问题开展调研。鉴于春季学期的大学四年级学生无选修通识教育选修课资格，而绝大多数大学三年级的学生截至大三秋季学期末已经修满了通识教育选修课的学分，本次调查将调查对象限定为首都经济贸易大学某专业2019级和2020级的本科生。这两届学生总计61人，通过问卷星开展调查，回收有效调查问卷57份，有效率为93.4%。

三、问卷的调查结果分析

（一）通识教育选修课的教学模式分析

对于受访者最喜欢的通识教育选修课的教学模式，问卷中设计了"线下教学模式"、"线上教学模式"、"混合式教学模式"和"哪种教学模式都可以"4个选项。在57名受访者中，有23名受访者选择了"线上教学模式"，该模式是学生最喜欢的教学模式，占比为40.4%。第二受欢迎的教学模式是"混合式教学模式"，有15名受访者选择了该模式，占比为26.3%。有10名受访者选择了"线下教学模式"，占比为17.5%。有9名受访者对教学模式不敏感，选择了"哪种教学模式都可以"，占比为15.8%。

（二）通识教育选修课的类型及其对教学模式偏好的影响分析

1. 通识教育选修课的类型分析

首都经济贸易大学的通识教育选修课课程被划分为7类，即"创新创业与就业"、"法律与公民修养"、"语言与跨文化交流"、"国学与历史"、"健康与艺术”、“数学与科技”和“哲学与伦理”[①]。调查结果显示:最受欢迎的是“国学与历史”类通识教育选修课,占比为 24.2%。其次为“创新创业与就业”类,占比为 20.1%,这两类课程受欢迎的程度相差不多。最不受欢迎的课程是“法律与公民修养”类通识教育选修课,占比仅为 6.7%。“语言与跨文化交流”、“健康与艺术”、“数学与科技”和“哲学与伦理”类课程占比相差不大,分别为 12.8%、12.8%、12.1%和 11.4%。“数学与科技”、“语言与跨文化交流”、“健康与艺术”以及“哲学与伦理”类通识教育选修课具有中等难度,要想获得学生的青睐并非易事,这几类课程受欢迎程度约为最受欢迎的“国学与历史”和“创新创业与就业”类的一半,且其受欢迎程度约是最不受欢迎的课程“法律与公民修养”类课程的两倍。

2. 课程类型对教学模式偏好的影响分析

尽管最受学生欢迎的教学模式是“线上教学模式”,但这并不意味着任何类型的通识教育选修课都适合采取线上教学模式,课程类型会影响大学生对教学模式的偏好,下面的深入分析将进一步支持该观点。我们利用似然比卡方检验法检验了不同课程类型与学生最喜欢的教学模式之间的相关性(见表 1),结果表明:在显著性水平 0.1 下,“创新创业与就业”类、“法律与公民修养”类和“数学与科技”类通识教育选修课与“学生最喜欢的教学模式”之间存在相关关系。

表 1　课程类型与学生最喜欢的教学模式之间的相关性检验

课程类型	统计量	自由度	*P* 值
创新创业与就业	7.774	3	0.050 9
法律与公民修养	12.828	3	0.005 0
语言与跨文化交流	4.341	3	0.226 9
国学与历史	0.913	3	0.822 3
健康与艺术	3.637	3	0.303 4
数学与科技	17.142	3	0.000 7
哲学与伦理	4.752	3	0.190 9

① 问卷中对应的问题:“在选择通识教育选修课时,您更倾向于选修哪种类型的课程?(可多选)”

通过表2中“数学与科技”类通识教育选修课与“学生最喜欢的教学模式”之间的二维列联表可知:①在倾向于选择“数学与科技”类通识教育选修课的受访者中,有38.9%的学生最喜欢线下教学模式,仅有5.5%的学生最喜欢线上教学模式。②而在不倾向于选择“数学与科技”类通识教育选修课的受访者中,高达56.4%的学生最喜欢线上教学模式,仅有7.7%的学生最喜欢线下教学模式。有意向选修“数学与科技”类通识教育选修课的受访者和没有意向选修的受访者对于混合式教学模式的喜好程度相当,占比分别为27.8%和25.6%。由此不难看出,对于“数学与科技”类通识教育选修课,为获得学生的好评,提升教学质量,最好不要采用线上教学模式,而应该选择线下教学模式或混合式教学模式。

表2　数学与科技类课程与学生最喜欢的教学模式之间的二维列联表

选修意愿	线下教学模式	线上教学模式	混合式教学模式	哪种教学模式都可以
不想选修	3(7.7%)	22(56.4%)	10(25.6%)	4(10.3%)
想选修	7(38.9%)	1(5.5%)	5(27.8%)	5(27.8%)

(三)通识教育选修课的选课影响因素及其对教学模式偏好的影响分析

1. 通识教育选修课的选课影响因素的分析

在分析通识教育选修课选择会受到哪些因素影响时,问卷中设计了6类潜在的影响因素,分别为“授课内容”、“授课教师”、“考核方式”、“考核成绩”、“上课时间”和“其他”①。数据显示:没有任何受访者选择“其他”,即影响受访者选择通识教育选修课的因素为前5类。在57名受访本科生中分别有77.2%、77.2%、75.4%、52.6%和47.4%的学生选择了“授课内容”、“考核成绩”、“考核方式”、“上课时间”和“授课教师”。在这几类潜在的选课影响因素中,“授课内容”、“考核成绩”和“考核方式”的占比分别为23.4%、23.4%和22.9%。可见,选课时学生更关注这三个因素,它们是影响学生选课的重要因素。比较而言,“上课时间”和“授课教师”对学生选课意向的影响偏弱,占比分

① 问卷中对应的问题:“在选择通识教育选修课时,您主要考虑哪些因素?(可多选)”

别为16.0%和14.4%。因此,“授课内容”和“考核成绩”是最重要的两个影响因素,“授课教师”是学生最不关心的选课因素。由于出国、保研、各种奖项的评定主要基于课程成绩,而考核方式影响着课程考核的难易程度,不难理解学生会比较在意这两个因素。

2. 选课的影响因素对教学模式偏好的影响分析

不同类型的选课影响因素与学生最喜欢的教学模式之间的卡方检验(见表3)表明:在显著性水平0.1下,“考核方式”、“考核成绩”与“学生最喜欢的教学模式”之间均存在相关关系。

表3　选课影响因素与学生最喜欢的教学模式之间的相关性检验

选课影响因素	统计量	自由度	*P*值
授课内容	5.877	3	0.117 8
授课教师	4.978	3	0.173 4
考核方式	10.382	3	0.015 6
考核成绩	9.705	3	0.021 3
上课时间	1.839	3	0.606 6

通过表4中“考核方式”与“学生最喜欢的教学模式”之间的二维列联表可知:①对于那些在选课时在意考核方式的受访者,有44.2%的受访者最喜欢线上教学模式,仅有非常低的9.3%的受访者最喜欢线下教学模式,有25.6%的受访者最喜欢混合式教学模式。对于在乎考核方式的受访者,他们更喜欢线上教学模式,且偏好程度远高于线下教学模式。②对于那些在选课时不介意考核方式的受访者,他们中分别有42.8%、28.6%和28.6%的受访者最喜欢线下教学模式、线上教学模式和混合式教学模式。对于不关心考核方式的受访者,他们更喜欢线下教学模式,而对线上教学模式和混合式教学模式的偏爱程度相当。无论受访者在选课时是否介意课程的考核方式,他们对于混合式教学模式的偏爱程度相差不大,占比分别为25.6%(在意考核方式的受访者)和28.6%(不在意考核方式的受访者)。

表4 考核方式与学生最喜欢的教学模式之间的二维列联表

选课的影响因素	线下教学模式	线上教学模式	混合式教学模式	哪种教学模式都可以
不考虑“考核方式”	6(42.8%)	4(28.6%)	4(28.6%)	0(0.0%)
考虑“考核方式”	4(9.3%)	19(44.2%)	11(25.6%)	9(20.9%)

通过表5中“考核成绩”与“学生最喜欢的教学模式”之间的二维列联表可知:①对于那些在选课时在乎考核成绩的受访者,有43.2%的受访者最喜欢线上教学模式,仅有9.1%的受访者最喜欢线下教学模式,有29.5%的受访者最喜欢混合式教学模式。对于在意考核成绩的受访者,他们更喜欢线上教学模式,且偏好程度远高于线下教学模式。②对于那些在选课时不看重考核成绩的受访者,分别有46.1%、30.8%、15.4%和7.7%的受访者最喜欢线下教学模式、线上教学模式、混合式教学模式和“哪种教学模式都可以”。对于不看重考核成绩的受访者,他们最喜欢线下教学模式,其次是线上教学模式,然后是混合式教学模式,偏爱程度依次递减约15个百分点。

表5 考核成绩与学生最喜欢的教学模式之间的二维列联表

选课的影响因素	线下教学模式	线上教学模式	混合式教学模式	哪种教学模式都可以
不考虑“考核成绩”	6(46.1%)	4(30.8%)	2(15.4%)	1(7.7%)
考虑“考核成绩”	4(9.1%)	19(43.2%)	13(29.5%)	8(18.2%)

(四)通识教育选修课的预期收获及其对教学模式偏好的影响分析

1. 通识教育选修课的预期收获的分析

在研究受访者对通识教育选修课的预期收获时,设计了“新颖的知识和理论”、“实用的操作和技能”、“文体情操陶冶”和“获得学分即可”4类可能的预期收获[①],数据显示:这4个选项的占比分别为30.3%、31.1%、17.4%和21.2%。学生最期待在通识教育选修课上获得“实用的操作和技能”,其次是收获“新颖的知识和理论”,二者的占比相当;学生最不期待获得“文体情操陶

① 问卷中对应的问题:“您最希望在通识教育选修课上获得什么?(可多选)”

冶”,它的占比略低于“获得学分即可”。在57名受访者中分别有70.2%、71.9%、40.4%和49.1%的受访者选择了“新颖的知识和理论”、“实用的操作和技能”、“文体情操陶冶”和“获得学分即可”。

在调研受访者对通识教育选修课的期待收获时,57名受访者中竟然有高达49.1%的受访者选择了“获得学分即可”,在4类潜在预期收获中,“获得学分即可”的占比也高达21.2%。这反映出有相当比例的大学生对通识教育选修课不够重视,仅仅是为了获得学分,这违背了设置通识教育选修课的初衷。

2. 课程的预期收获对教学模式偏好的影响分析

基于全部数据的统计分析显示:学生最喜欢线上教学模式,最不喜欢线下教学模式。这可能是因为相较于线下教学模式,线上教学模式具有一定优势,如学习不受时间和空间限制、可以反复学习等。然而,也不能排除有些学生偏爱线上教学模式是由于线上教学模式的监督管理和考核方式更宽松,这为那些仅仅想获得学分的学生或者不期待通过通识教育选修课学习真正有所收获的学生提供了便利。下面的深入分析进一步支持了该观点:那些仅想“获得学分即可”或不期待收获“新颖的知识和理论”的受访者,他们更加偏爱线上教学模式。笔者利用似然比卡方检验法检验了不同类型的预期收获与学生最喜欢的教学模式之间的相关性(见表6),结果表明:在显著性水平0.1下,“获得学分即可”、“新颖的知识和理论”与“学生最喜欢的教学模式”之间均存在相关关系。

表6　课程的预期收获与学生最喜欢的教学模式之间的相关性检验

课程的预期收获	统计量	自由度	*P* 值
新颖的知识和理论	6.379	3	0.094 6
实用的操作和技能	4.958	3	0.174 9
文体情操陶冶	6.069	3	0.108 3
获得学分即可	8.173	3	0.042 6

通过表7中的受访者选修通识教育选修课的预期收获是否为“获得学分即可”与“学生最喜欢的教学模式”之间的二维列联表可知:①对于那些选修通识教育选修课的预期收获为“获得学分即可”的受访者,他们中有高达57.1%的

受访者最喜欢线上教学模式，仅有 7.1% 的受访者最喜欢线下教学模式，有 25.0% 的受访者最喜欢混合式教学模式。②对于那些对通识教育选修课的预期收获不是“获得学分即可”的受访者，他们中分别有 27.6%、24.1% 和 27.6% 的受访者最喜欢线下教学模式、线上教学模式和混合式教学模式，三种教学模式的受欢迎程度几乎相当。对于通识教育选修课的预期收获是“获得学分即可”的受访者更偏爱线上教学模式，这种喜爱程度远高于线下教学模式。对于通识教育选修课的预期收获不是“获得学分即可”的受访者，他们中有 20.7% 的受访者认为哪种教学模式都可以，且对三种教学模式的偏好程度相差无几。

表 7　获得学分即可与学生最喜欢的教学模式之间的二维列联表

课程的预期收获	线下教学模式	线上教学模式	混合式教学模式	哪种教学模式都可以
不是“获得学分即可”	8(27.6%)	7(24.1%)	8(27.6%)	6(20.7%)
获得学分即可	2(7.1%)	16(57.1%)	7(25.0%)	3(10.7%)

通过表 8 中的是否期待获得“新颖的知识和理论”与“学生最喜欢的教学模式”之间的二维列联表可知：①对于那些选修通识教育选修课的预期收获不是“新颖的知识和理论”的受访者，他们中有高达 64.7% 的受访者最喜欢线上教学模式，仅有非常低的 5.9% 的受访者最喜欢线下教学模式，有 17.6% 的受访者最喜欢混合式教学模式。对于通识教育选修课的预期收获不是获得“新颖的知识和理论”的受访者，他们更偏爱线上教学模式，这种喜爱程度远高于线下教学模式。②对于期待通过通识教育选修课收获“新颖的知识和理论”的受访者，他们中分别有 22.5%、30.0% 和 30.0% 的受访者最喜欢线下教学模式、线上教学模式和混合式教学模式。他们对三种教学模式的偏爱程度相差不大，线上教学模式和混合式教学模式的受欢迎程度略高于线下教学模式。

表 8　新颖的知识和理论与学生最喜欢的教学模式之间的二维列联表

课程的预期收获	线下教学模式	线上教学模式	混合式教学模式	哪种教学模式都可以
新颖的知识和理论	9(22.5%)	12(30.0%)	12(30.0%)	7(17.5%)
不是“新颖的知识和理论”	1(5.9%)	11(64.7%)	3(17.6%)	2(11.8%)

四、加强通识教育选修课教学与管理的对策及建议

(一)规划新颖实用的课程内容,探索科学的考核方式,公正地评定考核成绩

调研数据显示,在6类可能的影响学生选课的因素中,"授课内容"、"考核成绩"和"考核方式"是最重要的三类。在7类通识教育选修课中,"数学与科技"、"语言与跨文化交流"、"健康与艺术"以及"哲学与伦理"类通识教育选修课的受欢迎程度仅约为最受欢迎的"国学与历史"和"创新创业与就业"类的一半。在4类通识教育选修课的预期收获中,"实用的操作和技能"和"新颖的知识和理论"是学生最期待的两类收获。为了提高课程的选课率,激发选课学生学习的主动性和积极性,授课教师应从课程内容、考核方式和考核成绩评定等方面加强课程建设;注重课程内容设计,尽量涵盖某一领域的前沿的知识和理论,讲授实用的操作和技能;探索科学公正、易于操作的考核方式,对于课程成绩的评定应该严谨认真、客观公正。

(二)加强对学生的选课指导,明确选课目的,科学有序选课

在调研受访者对通识教育选修课的预期收获时,57名受访者中竟然有高达49.1%的受访者选择了"获得学分即可",在4类潜在预期收获中,"获得学分即可"的占比也高达21.2%。这反映出有相当比例的大学生对通识教育选修课不够重视,仅仅是为了获得学分,违背了设置通识教育选修课的初衷。通识教育选修课的作用不明确,学生对自身未来的学习生涯和职业生涯缺乏规划,导致出现盲目选课,甚至仅仅为了获得学分而选课。对此,在每学期选课之前,班主任、辅导员或班级助理等可以通过谈心的形式,了解学生是否计划参加竞赛、保研、考研、出国、就业等,帮助学生制订学业生涯和职业生涯规划。根据学生的未来规划,帮助其制订相应的通识教育选修课选课计划,使学生从通识教育选修课中有所收获,为将来学业生涯或职业生涯发展奠定基础,避免仅为了获得学分而盲目选课。对于有资格保研、计划参加美国大学生数学建模竞赛或中国大学生数学建模竞赛的本科生,可以建议他们选择一些有利于获得更专业的"新颖的知识和理论"和"实用的操作和技能"的通识教育选修课,提升他们的创新能力和动手能力,为取得优异的成果做知识储备。对于计划出国深造的学

生，建议他们了解预申请学校在课程方面的要求，指导他们选择相应的课程。对于准备就业的学生，了解他们待就业的领域，帮助他们制订有助于其职业发展的通识教育选修课选修计划。

（三）结合课程类型，采取合适的教学模式

虽然基于全部调研数据的分析显示，线上教学模式是最受学生偏爱的教学模式，但这并不意味着任何类型的通识教育选修课都适合采用线上教学模式，而应结合具体课程类型采取合适的教学模式开展教学工作。对于倾向于选修“数学与科技”类通识教育选修课的受访者，最喜欢线下教学模式（占比为38.9%），最不喜欢线上教学模式（占比为5.6%），混合式教学模式和“哪种教学模式都可以”占比相等（27.8%）。因此，为保障教学质量，提高学生学习效果，获得学生好评，建议“数学与科技”类通识教育选修课程采用线下教学模式或混合式教学模式，尽量避免采用线上教学模式。

（四）适当限定通识教育选修课中网络课程的学分占比

数据分析显示：那些仅仅“获得学分即可”①或不期待收获“新颖的知识和理论”的受访者②，最喜欢的教学模式均是线上教学模式，最不喜欢线下教学模式，比例相差悬殊。虽然线上教学模式具有一定优势，如学习过程突破了时间和空间限制、可以反复学习，但是线上教学模式的后续监督管理比较困难，考核方式相对比较宽松，这给那些仅想获得学分的学生或不期待通过通识教育选修课学习真正有所收获的学生提供了可乘之机。对此，学校教务部门可以出台相关规定，将选修线上网络教学的课程学分限制在合理范围之内，从而降低学生混学分的可能性。

参考文献：

[1]陈国林，徐东波．中国通识教育研究综述[J]．教育评论，2020(4)：88－93.

① “获得学分即可”的受访者，最喜欢线上教学模式，占比为57.1%；最不喜欢线下教学模式，占比为7.1%。

② 不期待收获“新颖的知识和理论”的受访者，最喜欢线上教学模式，占比为64.7%；最不喜欢线下教学模式，占比为5.9%。

[2]冯惠敏,曾德军. 武汉大学通识教育调查与分析报告[J]. 武汉大学学报(社会科学版),2003(4):522－527.

[3]王晓阳,曹盛盛. 美国大学通识教育模式、挑战及对策[J]. 中国高教研究,2015(4):17.

新冠肺炎疫情冲击下网络教学的探索与实践①

——以新时代大学生成长需求与思政课教学供给侧改革的视角

祁敬宇

摘　要：本文基于笔者2019—2020年英国访学期间遭遇新冠肺炎疫情开展网络教学的经历，并结合讲授中外金融史课程的教学实践，以“新时代大学生成长需求与思政课教学供给侧改革”的视角出发，对金融史课程如何激发学生的学习兴趣，开启智商、情商和财商，提升课堂教学质量等进行了探索，探讨培养适合现代教学理念、教学内容以及学生成长成才需要的知识体系、教学模式、考试模式。本文秉承“以学生为本”的教学理念，倡导教学模式“以教为主”转向“以学为主”。根据网络教学在中外金融史课程教学中的体会，就如何优化教学设计，改进教学方法和手段，完善课程考核评价方式，提升课堂教学效果进而促进大学生成长等问题进行了思考。

关键词：中外金融史，思政课，网络教学

笔者于2019年10月接受国家留学基金委项目前往英国进行为期一年的访学，于2020年10月31日回到阔别一年的祖国。一年中，新冠肺炎疫情不断干扰着国内外高校原有的正常教学秩序。人们不得不利用网络来进行远程教学，一定程度上减少了疫情的影响。这一年的国外经历、网络教学令笔者深有体会，下面结合中外金融史课程的教学谈一点个人粗浅的认识。

大约在2004年，笔者以选修课的方式在全校首次开设了中外金融史课程，至今已近20年了。通过这些年的教学实践，特别是新冠肺炎疫情期间利用网

---

① 本文系首都经济贸易大学宣传部党建与思想政治研究课题“新时代大学生成长需求与思政课教学供给侧改革研究”课题和首都经济贸易大学教务处课题“金融专业课程体系整体优化与教学内容改革”的部分研究成果。

作者简介：祁敬宇，首都经济贸易大学金融学院教师，中国社会科学院大学博士在读。研究方向为金融监管和中外金融简史等。

络教学的体会,笔者予以简单回顾和总结。

一、大学生成长需求与思政课教学供给侧改革

众所周知,文化是国民素质的重要方面。作为财经类高校,人文素质教育具有举足轻重的地位。历史是对人的研究,金融史也一样离不开对人的思想、品格、情怀等方面的研究。中外金融史课程对于培养大学生的智商、情商和财商(以下简称"三商"),提高他们的思维能力,学习必要的方法,提升各方面的素质和能力均有着积极的意义。新冠肺炎疫情的冲击,一定程度上也是我们改进中外金融史教学效果、提升学生素质和能力的一个契机。

如何结合大学生的实际爱好与个性成长需求,把中华文化的精髓以大学生喜闻乐见的方式巧妙地融入专业课程教学中来,是笔者一直思考和探索的问题之一。

课程开设初期,对于开设一门全校性的公共通识选修课,笔者深感压力。这样一门人文通识类课程会不会"老师不愿意教,学生也不愿意学"呢?效果究竟如何?为了讲好中外金融史课程,笔者投入了大量的时间、精力,最核心的一点就是紧紧围绕提高课程对学生的吸引力,不断丰富教学内容并提高教学质量。换言之,就是通过大学生喜闻乐见的教学方式和教学内容来推进课程教学的供给侧改革,将思政课教育潜移默化地融入专业课教学之中。

我国数千年的经济金融实践积累了无数的宝贵经验和教训,这是当代大学生应当珍视的财富。笔者通过整合多年的教学经验、教学资源、教学素材和教学内容,在开课过程中,逐步积累、摸索、提高,旨在通过轻松的教学,激发学生的学习兴趣,在潜移默化中提升学生的思想品德和综合素质。

为此,笔者做了充分准备,并且一直不间断地进行,随时学习、备课、吸收,融入文学、历史、政治、经济、文化、收藏、旅游、考古、文字、书法、音乐等元素。利用互联网,笔者收集了大量视频和音频资料,提炼出与金融史或经济史有关的素材,如金融人物、金融演进、钱币、金融文化等内容。

为了上好中外金融史课程,笔者大量走访全国各地的博物馆,特别是金融博物馆,参观各地的名人故居,特别是同金融商业有关的名人故居。人类的历史也是一部金融史,历史上的每一次金融创新都深刻影响了世界的发展进程。古今中外,金融发展所带来的影响不局限于产业内部,而是涉及社会、经济、政

治、生活的各个层面，影响是巨大的。

中外金融史课程对完善金融学专业学生的知识结构起着重要的支撑作用。该课程的教学目标是使学生能系统地掌握中国整个金融思想发展的脉络，金融发展演变的轨迹，金融政策的思想基础，了解改革开放以来我国金融发展体现出历史继承性与实用性，为学生全面系统地掌握和灵活运用金融学知识打下坚实基础。

二、网络教学对教学模式、方法与效果的思考

中外金融史课程本身比较枯燥，如何通过教学模式和方法的革新吸引学生就成了首先要思考和探索的问题。笔者较早地尝试运用影像资料进行教学，经过近20年的实践，取得了不错的教学效果。

网络教学具备大规模、开放性、包容性的教学特点，教学内容多维度、个性化。教学中恰当地使用一些现代教育技术手段，可有效调动学生的学习积极性、激发学习兴趣、提高教学效果。

表1是笔者讲授中外金融史课程过程中运用两种教学方式的对比情况，从中可发现很多问题。

表1　中外金融史课程运用两种教学方式的对比

比较项目	传统的教学方法	网络教学等新式教学法	借鉴指数
教师专注	传授知识，认真备课，协调课堂	指导学习，讲解重点，解惑答疑	★★★
教师角色	更像演员，表演能力要好	教师像导演（视频中的“教师”才是演员）	★★★
学生关注	被动接受，全面开花	课前学习、重点研究，能力提高	★★★
教学关键	课堂教学、课后习题，复习迎考	课前学习，课上教师答疑	★★
课堂内容	知识的讲解传播，无深度	有深度，可思考，能力提升	★★★★
技术运用	板书、PPT等，多媒体	网络、信息、多媒体	★★
评价方式	考试成绩	学生能力素质的提高	★★★★
课堂效果	教师魅力，效果不定	网络教学内容，效果普遍提高	★★★
考试方式	教师讲授中划重点，学生复习备考	学生围绕相关内容，重在能力	★★

网络教学教学法，教学格局从“以教师为中心”转向“以学生为中心”，重实践、重互动、重发挥、重能力。教师不再单向地“传道、授业、解惑”，学生也从“听讲者”转变为“参与者”、从“理论的接受者”转变为“实践的创造者”，从而激发学生的创新精神和参与意识，培养学生的创新能力。与此同时，教师也从繁杂的日常教学中解脱出来，关注课程的重点难点，把精力放在提高学生的能力上。

“以学生为中心”是现代教育的基本理念。美国实用主义教育家约翰·杜威说过，最好的教学方法就是牢牢记住学校教材和实际经验二者相互联系的必要性，使学生养成一种态度，习惯于寻找两方面的接触点和相互的联系。要充分发挥学生的主体作用，通过运用自主学习、合作学习、研究性学习和探索性学习等开放式教学方式提高学生的综合素质和能力。

古人云：“授之以鱼不如授之以渔。”德国哲学家笛卡尔也曾说过：“最有价值的知识是关于方法的知识。”教师的讲授，不仅是提供问题的答案，而是告诉学生一个观察问题的视角，提供一个分析问题的方法，也就是启发学生思维，挖掘学生智慧，营造课堂情境，激发学生创造力，鼓励学生创新。从这个角度看，网络教学等新型教学方式值得大家思考和探索。

三、中外金融史课程教学与大学生素质能力的探讨

笔者认为，大学生综合素质和能力中，“智商”、“情商”和“财商”三位一体，应是一个综合体。它们直接影响一个人的追求、处世、趣味、修养甚至道德。智商、情商和财商三者，财商的重要性越来越凸显，智商多由先天因素决定，情商和财商以后天培养为主。决策者更依赖于财商和智商，执行者需要更高的智商和情商，管理者则需要情商和财商。

在讲授中外金融史课程过程中，笔者积极探索如何进一步提高大学生的“三商”，有以下几点体会：

(一)要突出以人为本的理念，提高“情商”

金融史教学，其目的不仅在于向学生传播某些金融知识，而在于实现人的全面发展与综合素质的提高。实现人的全面发展直接体现在学生的学习能力、工作能力、道德素质、社会关系与个体素质等方面。为此，必须真正树立以人为本的理念。在这方面，提升学生的情商就显得很有必要。美国心理

学家认为情商包括以下几个方面:①认识自身的情绪。因为只有认识自己,才能成为自己生活的主宰。②能妥善管理自己的情绪,即能调控自己。③自我激励。它能够使人走出低谷,重新出发。④认知他人的情绪。这是与他人正常交往,实现顺利沟通的基础。⑤人际关系的管理,即领导和管理能力。情商水平不像智力那样可以较准确地测验出来,它只能根据个人的综合表现进行判断。

(二)确立明确的价值观导向和道德标准,树立正确的“财商”

正确的“财商”对于金融人才而言非常重要,如遵纪守法、践行契约、诚信经商、正确的义利观等。学习中外金融史不能不研究金融理论、思想与方法,不能不研究人类的金融实践以及在这一过程中体现出来的思想品德,比如对金钱的认识、商品拜物等。君子爱财,取之有道,这是一种境界。“钱”在生活中只是需要而不是主要。事实上,金融理论与思想的进步,既与社会金融运行共生,也体现着金融从业者对诚信、义利乃至“经世济民”等的追求。我们从思想理论发展的源流或断面中来把握金融史教育的真谛,把学生的思想品德建设置于一种客观的、历史的层面上,要比空洞地说教更有说服力和示范性。古圣先贤的示范感召作用对今天大学生人格和品德的塑造能起到一种潜移默化的提升作用,这种提升能够对其一生的人格完善起到积极的促进作用,对打造诚信的市场经济环境也有积极的意义。

(三)通过专业知识的传授,提升大学生的智商

一个人的智商是由一系列的知识和能力构成的,包括很多内容,比如哲理判断、价值判断、审美判断、历史判断及科学判断。金融史课程的内容,可对学生能力和素质的培养起到潜移默化的作用(见表2)。

表2 金融史课程所涉及的知识及其对“三商”的提升

涉及的学科范畴	对应的学生素质与能力	对应的人格品德	对应的“三商”
历史学	历史修养、历史感悟能力	爱国爱民的情怀	智商、情商
经济学	经济学的感悟能力	经世济民的责任感	智商、财商
文字语言	古汉语、中国文学鉴赏	对母语的热爱	智商、情商

续表

涉及的学科范畴	对应的学生素质与能力	对应的人格品德	对应的“三商”
金融藏品的鉴赏(美学)	形象思维、审美能力及其感受	中华文化的认同和自豪感	情商、财商
心理学	人文知识、心理承受能力	良好人格形成、人际交往	情商、智商
哲学	价值判断能力	世界观和人生观	智商、情商
社会学	社会认知和人际交往能力	处世与修身	智商、情商
法学	社会价值判断能力、契约遵守	诚信守法	智商、财商
金融学	信用、金融素质能力的提升	义利观	财商、智商

通过金融史课程的教学提升大学生的“三商”,可进而提升他们的综合能力和素质:

(1)现代社会人才的良好意识(如法制观念、现代契约意识和权利意识)。

(2)自我管理(包括自制、适应性、雄心壮志、主动以及乐观向上等品质)。

(3)社会责任感和使命感。

(4)管理与协作能力(包括灵感、创造力、感召力、应变能力、化解矛盾冲突和团队协作能力)。

大学课程教学的供给侧改革,对大学生的成长和健全的社会人格的培养非常重要。网络教学可提升大学生的各项能力和基本素质,帮助他们分析、把握和预测未来的发展方向和创新趋势,提升思想认识、方法论水平。

参考文献:

[1]祁敬宇.中外金融史学课程教学与教材编写的体会[G]//金融学教学研究论文集.北京:首都经济贸易大学出版社,2009.

[2]祁敬宇.中外金融简史[M].西安:西安交通大学出版社,2020.

金融专业课程体系整体优化与教学内容改革

祁敬宇

摘　要:本文依托笔者开设的几门相关课程,以首都经济贸易大学金融学院的课程体系整体优化与教学内容改革为研究重点。教学课程的优化与完善涉及的因素众多,应基于教师、学生和教学管理三者形成一种良性的互动,是教学相长、资源优化和教育学实践相结合的实践活动。教育科学倡导人本化学习、掌握学习、建构主义学习、程序教学及有意义学习等,本文立足于首都经济贸易大学对金融监管学、宏观金融调控、中央银行学和商业银行经营管理等相关课程教学改革优化之实践,从理论和实践角度研究完善和优化课程设计的途径。

关键词:金融监管,课程体系,教学改革

一、首都经济贸易大学金融学院专业整合情况

(一)首都经济贸易大学金融学科设置概况

我国财经院校的发展历程中,大体有两个标志性的时间点,即财经院校创建时期(1958 年)和恢复高考后恢复发展期(1977 年和 1978 年),其中 1977 年和 1978 年设置金融专业的高校多数属于恢复性建设。如果以“文化大革命”发生前的 1965 年为界进行考察,当时的全国财经类高校共有 18 所[①],且多数设置有金融类专业。1979 年 8 月,全国恢复和重建的财经类本科院校共计 22 所。到

① 这 18 所财经类高校是:北京对外贸易学院、中央财政金融学院、北京经济学院、北京商学院、天津财经学院、山西财经学院、辽宁财经学院、吉林财贸学院、黑龙江商学院、上海财经学院、上海对外贸易学院、南京半工半读商业专科学校、安徽财贸学院、山东财经学院、湖北大学、湖南财贸学院、成都大学和西北财经学院。

作者简介:祁敬宇,首都经济贸易大学金融学院教师,中国社会科学院大学博士在读,研究方向:金融监管和中外金融简史等。

1988年,全国共有本科财经类院校40所,其中包括作为首都经济贸易大学前身的两个学校——北京经济学院和北京财贸学院。在20世纪50年代就设置有金融专业的高校并不多,当时的师范类和理工类大学一般不会设置金融学科专业。在上述两个时期之一就已经设置金融学科的高校,学科建设时间较长、教学科研力量较为雄厚,拥有一定学术研究成果。以此标准进行考察,首都经济贸易大学金融专业的设置时间较久,是有着光荣传统的高等财经类大学。

经过改革开放40多年的发展,当前我国金融类专业设置主要有四种情况,第一种是专门的财经院校,如西南财经大学、上海财经大学、中央财经大学等。第二种是综合性大学里的经济学院或金融学院下设的金融学专业,这些综合类大学的金融类专业具有一定的优势,如北京大学、中国人民大学、复旦大学、厦门大学、南开大学、中山大学、辽宁大学、武汉大学等。第三种是一些师范类院校(如华东师范大学、北京师范大学等)和理工类大学(如清华大学、西安交通大学、北京航空航天大学等)开设的金融专业,其中华东师范大学的世界经济博士点是国内最早培养国际金融方向的博士点;西安交通大学与原陕西财经学院(原隶属于中国人民银行)合并后,其金融专业继承原陕西财经学院的优势也有一定的实力。第四种是一些国家、部委所属的研究机构,也有从事金融研究的实力,如中国社会科学院金融研究所等。

相比之下,首都经济贸易大学(以下简称"我校")金融学科建设也有了很大的发展,从人才培养来看,成千上万的金融人才走出校门,加入我国金融工作者的队伍,其中不乏出类拔萃的金融人才。为了客观地分析我校金融专业在全国财经类院校中的地位,笔者结合相关资源,对全国财经类本科院校中的金融专业做了粗略的统计分析(见表1),其中没有包括研究机构、综合类大学及师范类、理工类高校的金融专业。

表 1　全国财经类本科院校中金融专业设置情况(部分)

所在省(市、区)	数目	序号	院校名称	金融办学层次			历史沿革	综合实力参考指数
				本科	硕士	博士		
北京	5	1	中央财经大学	√	√	√	教育部金融重点学科基地	★★★★★
		2	对外经济贸易大学	√	√	√	兼并中国金融学院	★★★★★
		3	首都经济贸易大学	√	√	√	北京经济学院、北京财贸学院合并	★★★★
		4	北京工商大学	√	√			★★
		5	北京物资学院	√				★★
天津	2	6	天津财经大学	√	√	√		★★★★
		7	天津商学院	√	√			★★
河北	2	8	河北经贸大学	√	√			★★
		9	石家庄经济学院	√				★★
山西	1	10	山西财经大学	√	√	√	山西财经学院、山西经济管理学院合并	★★★★
内蒙古	1	11	内蒙古财经学院	√	√			★★
辽宁	1	12	东北财经大学	√	√	√		★★★★
吉林	1	13	长春税务学院	√				★★
黑龙江	1	14	哈尔滨商业大学	√	√			★★★
上海	2	15	上海财经大学	√	√	√		★★★★★
		16	上海金融学院	√	√			★★★
江苏	2	17	南京财经大学	√	√			★★★
		18	南京审计学院	√	√			★★★
浙江	2	19	浙江工商大学	√	√		以原杭州商学院为主组建	★★★★
		20	浙江财经学院	√	√			★★★
安徽	1	21	安徽财经大学	√	√			★★★
江西	1	22	江西财经大学	√	√	√		★★★★
山东	3	23	山东财政学院	√	√			★★
		24	山东经济学院	√	√			★★
		25	山东工商学院	√			原中国煤炭经济学院重组	★★

续表

所在省(市、区)	数目	序号	院校名称	金融办学层次			历史沿革	综合实力参考指数
				本科	硕士	博士		
河南	1	26	河南财经学院	√	√			★★★
湖北	1	27	中南财经政法大学	√	√	√	中南财经大学和中南政法学院合并	★★★★
湖南	1	28	湖南商学院	√				★★
广东	3	29	广东外语外贸学院	√	√			★★
		30	广东商学院	√	√			★★
		31	广东金融学院	√				★★★
重庆	1	32	重庆商学院	√	√			★★
四川	1	33	西南财经大学	√	√	√	中国金融研究中心	★★★★★
贵州	1	34	贵州财经学院	√	√			★★
云南	1	35	云南财经大学	√	√	√		★★★
陕西	1	36	西安财经学院	√			陕西经贸学院和西安统计学院合并	★★★
甘肃	1	37	兰州商学院	√	√			★★★
新疆	1	38	新疆财经学院	√	√			★★
广西	1	39	广西财经学院	√	√		两个专科院校合并	★★

注:作者根据相关资料整理,详情可参见各高校网站。

(二)我校金融学科建设与专业整合情况分析

1. 关于研究方向的问题

从各高校金融学研究方向来看,大致有两个脉络:一是传统的金融学院校,有悠久的学术科研历史,较偏重于货币银行学、宏观金融理论及其实践问题的研究和教学,多数金融领域的工作人员出自这些院校;二是理工院校及后起的金融学科院校,更侧重于数理金融、金融工程及计量方面的金融研究。这两个脉络各具特色,互为补充。从培养人才的情况来看,也基本形成两种风格:一种是侧重培养金融理论的院校,对西方金融理论研究较为到位,如北京大学、上海财经大学等院校;另一种是侧重金融实务,以微观金融为培养目标的院校,我校金融学科目前有转向金融实证方向的趋势。

金融是不断发展的，金融制度和体系的改革与完善是没有止境的。因此，金融研究应当努力朝着超前性、针对性和实用性的方向发展，这就离不开金融创新和对金融学术的兼容并蓄。为了加强金融研究的科研能力，提升金融学专业在全国的知名度，进而实现跨越式发展，我校可以重点加强以下金融学科研究方向的建设：

（1）宏观金融理论与政策。本研究方向在研究货币银行理论的基础上，进一步研究我国的金融问题。40多年的改革开放使我国金融业发生了巨大变化，但从总体上判断，我国金融体制改革的历史重任尚未完成，还有很多问题需要进一步的研究，如农村金融、宏观金融调控及金融监管等方面。

（2）商业银行经营管理。研究商业银行的各项业务与经营规律，探索商业银行如何开拓金融业务、进行金融创新、优化资产结构、确立适应社会主义市场经济的经营运行机制。在现代商业银行经营原则的基础上，加快培养能够适应现代商业银行业务的复合型、实用型人才，同时在这一领域进行深入研究，争取涌现更多的科研成果。我校金融专业在这方面有着一定的教学经验和办学特色，要突出实务性，侧重于社会主义市场经济条件下商业银行的业务运作，重点研究经营管理、业务创新、风险防范等方面的机制，加强同有关单位的合作。

（3）证券投资方向。我校金融学科建设一定要打好证券投资这一“王牌”，积极运用校友等有利条件进行宣传、造势等工作。多年来，我校金融专业中的证券投资方向已经积聚了一批既有理论基础又有实践经验的博士、博士后，他们多数在实务部门有过相关的工作经历，具备丰富的实践经验和扎实的理论功底，有利于我校金融专业方向办出自己特色。

（4）国际金融研究方向。国际金融主要以汇率理论、国际储备、国际货币体系、国际资本流动、国际金融市场、国际金融业务等为研究对象。本研究方向以货币银行理论为基础，以全球金融一体化为主线，着力探讨国际货币制度的改革及影响、国际资本流动与利用外资、发达国家与发展中国家金融政策的协调机制、人民币汇率制度的改革与完善、国际储备的结构、区域金融及影响等问题。

（5）保险学研究方向。保险学以保险理论与实务为研究对象，研究保险理论、财产保险、国际保险、保险精算、保险市场营销等业务及经营行为。我国保险业正处于发展时期,它的研究、教学有着非常广阔的前景。

2. 关于学术梯队与师资队伍建设问题

笔者结合有关调查,做了一个估算,大体结果是,全国重点金融学专业学术梯队构成中,教授和副教授占到40%左右,少数实力强的院校其比例可能还会更高。虽然具有金融学博士学位的教授人数还较少,但具有博士学位的教师比例在逐年提高,同时众多的青年教师正在攻读博士学位。这与近年来我国研究生扩招和高校鼓励教师读博深造是密切相关的。以上海财经大学为代表的一流财经类高校积极引进有国外求学和工作经历的金融人才担当重任,加速发展。

从我校金融学院的实际情况看,金融学院具有博士学位的中青年教师比例近年有了显著提高,在全国相关类高校中位居前列。但是,从教授、副教授年龄构成看,我校并不占优势,尤其是拥有博士学位的教授这一比例较低。当前全国金融学科学术梯队年龄呈年轻化趋势,教授平均年龄在50岁左右,副教授平均年龄为40岁左右,有的高校甚至更低,金融全学科副教授平均年龄仅在35岁左右。从个人科研能力的年龄段分布看,出成果的年龄一般在35岁左右,必须注重年轻教师的培养,尤其是30～40岁的教师。

3. 关于金融教学及硕士、博士培养问题

当前,全国高校中具有博士、硕士和本科教学层次的院校日益增多,几乎是各高校大量开设金融学,并朝更高层次迈进。为此,我校的金融学科必须有一种危机感和使命感。要重视金融专业研究生(包括硕士研究生和博士研究生)的教育工作,首先要建立一支学术水平较高、结构比较合理的导师队伍。从这方面看,我校还需要进一步提高。笔者从近几年与一些高校教师的接触中了解到,一些高校在研究生建设中步伐很大,打破传统方式,不拘一格选拔人才,在实践中允许具有讲师资格的教师担任硕士研究生导师,具有副教授资格的人担任博士生导师;引进竞争机制,创新人才培养模式,不再把博导、硕导看成一种终生资格。

笔者认为,加强研究生的科研训练,充分发挥金融专业研究生的创新优势,对于我校科研能力和知名度的提高具有重要意义，要发掘研究生的创新潜能，提高研究生的创新能力，为研究生的成长创造良好条件。首先，可资助和激励研究生开展创新性课题研究或从事学术论文创作，创新理论或方法，提高研究生培养质量。其次，可定期或不定期地利用现有研究生导师资源在硕士研究生中开展学术教育，举办报告会和专题讲座，提升研究生教育水平。再次，可资助研究生教材的编写出版，加强教学科研支持力度。最后，可适当增加研究生选修课程，提高学生的知识和信息量。对本科为非经济金融类的学生增加补修课程，以提高他们的专业能力和水平。注重实务方面的培养和学习，以提高学生的创新和研究能力。

4. 关于科研与学术交流问题

客观地说，我校金融学科同国内外的同行及相关学科的联系交流仍不够，我们还需要努力、再努力。要鼓励教师参加各种类型的学术研讨会，以提高我校金融专业在全国的知名度和影响力，努力使更多的教师和研究人员成为中国金融学会、北京金融学会、国际金融学会、保险学会等团体会员，并积极发挥作用。同时，重视国际性的学术交流，鼓励教师出国，加强学界、业界联系，拓宽学生的求学、就业渠道等。这些措施是一个统一的整体，相互联系、相互影响。

5. 关于工作条件和管理工作等问题

在这方面，我们还有很多工作要做，要积极改善学科的教学和科研条件，提高教师待遇，解决后顾之忧，使广大教师能够心情舒畅地做好本职工作。这方面涉及的问题较多、较杂，这里不再赘述。

二、以金融监管课程为例分析课程专业整合的具体措施和办法

（一）目前我校金融监管课程的教学科研基本情况

近年来，伴随全球金融体系的变革，金融监管不断得到重视和加强。

我校于2000年前后开设了金融监管课程，这在国内高校中是属于领先的。金融监管课程是一个内容十分丰富的体系，涉及的内容广泛，涵盖的理论和实践知识丰富，并日益走向科学化和规范化。

自金融监管课程开设以来，该课程一直是我校金融专业的优势课程，同时成为其他专业的选修课程。我校金融学院金融监管课程的授课对象包括研究

生、本科生、函授生等。金融监管课程及其他相关课程有力提升了我校金融专业的教学能力和科研工作。

在师资队伍方面,金融监管课程的教师素质较高,多数是学校后备学科带头人、中青年骨干教师,其中教授2名(祁敬宇、李新),副教授5名(冯瑞河、梁万泉、李文中、唐伟霞、徐新扩),讲师5名(雒庆举、李雪、袁梦怡、张萍、曹红)。他们教学能力强,经验丰富,特色鲜明。多数教师都有在金融机构或政府金融监管机构的从业经历,教学经验丰富,责任感强,团结协作,年龄结构和学历、职称结构合理。

1. 在教学条件方面,拥有比较完善的信息化教学设施

近年来,首都经济贸易大学投入巨资配备完善大型电脑教室、金融教学实验室、多媒体教学设备以及教学科研服务机构。同时,学校图书馆的图书资料丰富,为金融监管课程的教学和科研以及学科发展建设提供了强有力的支持。

2. 在教材和相关教辅建设方面取得一定成绩

近年来,金融监管课程一直是我校金融专业的主干课程,同时也是其他专业的选修课程。笔者主编的教材《金融监管学》被评为北京市精品教材、国家"十一五"规划教材。此外,其他教材包括《金融监管理论与实务》(首都经济贸易大学出版社,2007年)、《金融监管案例评析》(2011年)、《金融监管教学习题与参考答案》(西安交通大学出版社,2013年)。教材《金融监管学》结合教学团队的实践经验从金融稳定与金融危机的关系角度对金融监管进行理论分析,经过先后多次修订,教学效果良好。

我校金融监管课程有两个主要特点:一是内容新、范围广。我们密切关注金融监管领域的最新动向,及时分析研究金融监管领域中出现的新情况、新问题,不断将有价值的内容充实到课程的教学之中,充实教材。二是理论联系实际。金融学是在市场联系中研究人类筹资、用资和理财等方面行为的科学,这就决定了对其监管的复杂性和变化性。为此,我们在金融监管课程的教学中,注意多学科知识(如管理学、金融学、博弈论、系统论等)的融合与联系,并有机结合金融调控、金融风险管理等课程知识。对近年来国内外金融监管领域中发生的重大事件,立足现实金融运行态势,从一定的理论高度加以分析,帮助学生

提升对金融监管的理论、知识与技能的掌握水平。

3. 注重使用案例教学、多媒体教学等方法与手段

我们灵活运用多种先进的教学方法，恰当、充分地使用现代教育技术手段，有效调动学生的学习积极性、激发学生学习兴趣、提高教学质量。教师从课程实际出发，针对不同的教学对象采取不同的教学方法：对研究生重点教授系统的理论，并进行深入分析；对本科生侧重于基本知识、基本概念的掌握；对于函授生则偏重于对金融监管的一般介绍。这种分层教学取得了非常好的教学效果，得到学生的广泛好评。

与此同时，我们还探索出一种案例教学的新模式，从金融监管案例教学实践来看，教学效果明显。传统教学方法一般重概念和理论，轻实践；重逻辑体系，轻方法策略；重教师传授，轻学生参与。如果学生所学知识和技能仅限于书本和笔记，当他们走上实际工作岗位时，难免会出现困惑和迷茫。而案例教学变"以教师为中心"为"以学生为中心"，重实践、重互动、重发挥。教师不再是单向地"传道、授业、解惑"，学生也从"听讲者"转变为"参与者"、从"理论的接受者"转变为"实践的创造者"，从而激发学生的创新精神和参与意识，培养学生的创新能力。运用案例教学有利于提高学生的思维能力、应变能力和创新能力。案例教学将理论与实践有机结合，使学生加深了对基础理论知识的理解和认识，扩大了知识面，拓宽了思路，提高了分析问题和解决问题的能力。

值得一提的是，我们教材配套的金融监管学教学多媒体课件随教材推广全国，得到了同行的一致好评。

4. 通过科研促进金融监管教学

受全球金融危机影响，当前对金融监管相关领域的科研愈发重要。我们积极承担国家、省部级课题，在相关杂志发表多篇论文。通过科研，认识金融创新的动力和创新的方法，并主动调整金融监管课程教材的内容和方向，满足金融监管发展的要求。同时，我们还积极与国家发改委、财政部、中国人民银行、银保监会、证监会、商务部等有关国家部委建立广泛联系，提升我校金融教学科研水平。

今后，我们仍将努力将教学、科研、实践三者密切结合，全面推进金融监管

课程的教学改革,探索双语教学,在教学国际化方面有所突破。

(二)目前金融监管课程教学存在的问题

在金融监管课程教学取得一定成绩的同时,我们也清醒地认识到教学中存在着一些问题和不足。这主要表现在以下几个方面:

1. 金融监管课程体系建设滞后于现实变化

从金融监管课程的知识结构和知识体系等方面看,该课程具有以下两个特点:

其一,课程内容丰富,综合性和关联性强,理论与实践结合紧密。金融监管涉及银行、证券和保险,兼具宏观内容和微观内容,而且信息量大,覆盖面广,专业性很强。从研究内容看,该课程与其他学科联系紧密。在案例教学过程中,可能涉及西方经济学、基础会计、国际贸易、货币银行学等课程的相关知识。这些都要求授课教师知识全面、专业功底扎实。

其二,课程内容更新速度快。金融监管的理论和实践日新月异。这就要求教师在实际教学过程中,紧密联系目前金融监管领域的现实问题,把握金融监管的发展趋势,培养学生分析问题、解决问题的能力,提高他们的专业素养和科研能力。

2. 金融监管课程的教学对象存在层次性

随着我校规模的不断扩大,在校学生层次也不断发生变化,目前主要有博士研究生、硕士研究生(又分为学硕和专硕)、在职研究生、本科生、函授生、自考生及专科生。而我校金融监管课程长期以来变化不大,授课对象主要是本科生和在校研究生,其他层次的金融监管课程较少。针对不同层次的学生,金融监管课程的内容应有相应的层次性,以满足全校各个层次学生的需要。

(三)今后金融监管课程教学改革的规划

1. 完善金融监管课程体系

课程体系的建设,是学科建设与发展的支撑点,而学科建设又是学校参与竞争、生存和发展的内部决定因素,直接关系人才质量的高低和人才培养目标的实现。我校金融监管课程,必须坚持与国际接轨、以培养一流职业人才为目标,建立多层次、宽领域的金融监管课程体系,紧跟客观经济形势发展,并有一定的前瞻性，形成鲜明的专业特色，以适应经济发展的需要和社会对金融人才的要求。

其一，要突出“本土化”课程教学的特点，努力避免照抄照搬国外理论、教材，脱离中国实际，解决好金融监管课程“本土化”问题。不仅要充分吸收西方金融理论，更要紧密结合中国经济现实，特别是我国金融改革与发展的情况。

其二，要突出创新性。创新是科学发展的生命所在，教学结合现实的发展与时俱进，才能显示出生命力。

（1）建立适合各教学层次的金融监管课程体系。针对我校学生的多层次性，建立相应的金融监管课程体系，明确不同层次的教学目标与教学要求；设计不同层次的教学组织方案和课时分配的基本建议；提出差别性的教学方式与教学环节的要求；选定不同层次的基本教材和参考文献；确定各学历层次的考核标准和侧重点；注意与其他相关课程教学的衔接与配套问题。这样既保持了各层次教学方案的相对完整性，又保证了各层次教学方案间广度递增、难度递进的协调性和课程教学体系的科学性。具体而言，研究生的金融监管课程应注重教授系统理论，并进行深入分析；本科生的金融监管课程应侧重于基本知识和基本概念的讲授；专科生的金融监管课程应偏重于一般介绍，如图 1 所示。

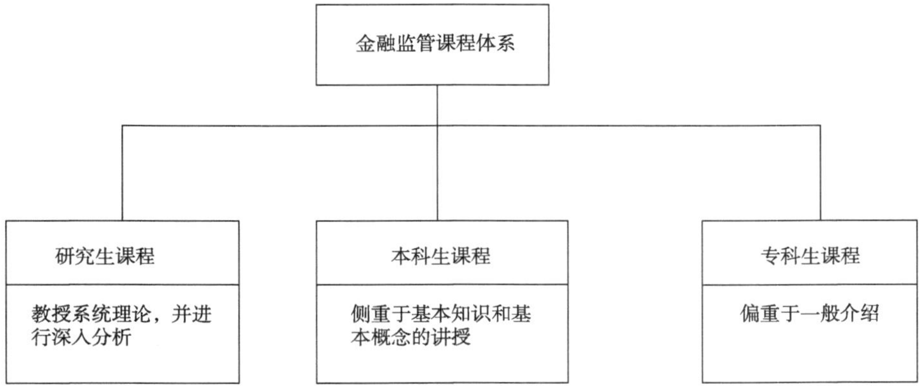

图 1　金融监管课程各层次学生教学重点

（2）建立必修课与选修课相结合的金融监管课程体系。我们必须重视金融监管课程在全校课程体系中的作用,建立必修课与选修课相结合的金融监管课程体系。具体而言,针对不同的专业设定相应的必修课与选修课。在对金融监管课程进行优化提升构思中,要重视现代数学与计量工具在金融监管中的运用。

其一,突出数理金融在金融监管领域的运用。随着微观金融学和金融工程学的兴起,金融业务开始更多涉及微观主体的理财活动、资本市场的资产选择活动等。这些微观金融活动通常是以一些数理模型为基础进行的,理解和运用这些数理模型往往需要一定程度的数学知识,缺乏这方面的知识将很难进行新型金融工具的设计和开发,也很难从事相关领域的工作。这方面正是我们目前金融专业教育的弱项。对此,我们鼓励学生选修诸如计量经济学、实变函数论和泛函分析、随机过程、动态规划、数值方法、博弈论等课程,帮助学生形成更为合理的知识结构。另外,视条件择机开设金融时间序列分析、金融计量经济学等高级金融学课程。

其二,重视有关应用软件和网络信息技术在金融监管领域的运用。为培养高层次、国际化的现代金融人才,必须顺应信息技术革命带来的变革,充分有效地利用高技术手段为金融业开辟新的服务方式和发展空间。为此,我们鼓励学生熟练掌握运用 Excel 进行财务金融建模的技术和诸如 Eviews、SPSS、SAS、MatLab 等一到两种定量化分析软件的操作,并掌握计算机和网络技术方面的基础知识。

2. 加强金融监管学的教材建设

尽管我们在金融监管学教材建设方面已经取得了一些成绩,但仍需继续努力,今后一段时间,我们计划进行以下几方面的工作:

其一,组织骨干力量编写精品教材。国内同类教材大多引用国外的内容与体系,无法跟上金融监管领域日新月异的发展与创新。我们需要跟踪当前金融监管最新态势,不断完善教材,根据金融风险、金融工程、金融学等专业的特点制定教学大纲,合理设定内容体系,广泛汲取先进的教学经验,有选择性地取舍教材内容,积极整合优秀的教改成果,体现新时期社会、经济发展对人才培养提出的新要求。

其二,适当引进国外原版教材,及时将国际上最新的研究成果、经典的原著介绍给广大学生,开阔其视野。对于一些优秀的经典原版教材,采用课堂教学与学生自我阅读相结合的方式,增强学生的专业学习能力和外语阅读能力。

除进行金融监管学教材中文版的修订之外,我们还初步设想在未来条件成熟时,借鉴国外相关教材,编写英文版的金融监管学教材,并开设金融监管学双语课程。

3. 加强和改进案例教学

案例教学是一种有效的教学方式,但目前我国的案例教学还存在一些不足。比如未经过案例设计,仅对案例进行陈述。案例教学需要案例的设计,案例只有经过设计才能真正达到案例教学的目的。案例教学来源于实践,具有高度的仿真性、能动性和创造性,是加强学生理论联系实际的有效教学方法之一。它将书本理论知识转化为现实工作能力,既是一种教学活动和教学方法,也是一种实践和体会。

在案例教学中,需要充分利用多种教学手段,注重教学时空的开放性。与传统的"教师满堂灌、学生被动听"的教学方式相比,案例教学的信息量大,与时代同步,能实现师生双向交流,调动学生思维的积极性、主动性和创造性,达到理论与实践的适度结合。

案例教学的重点是培养学生观察、分析和处理问题的应变能力。在案例教学的全过程中,教师通过组织学生开展研读案例,查找并分析背景资料、思考判断、讨论交流、总结反思等环节,培养学生的逻辑思维和综合分析问题的能力,培养学生团队合作精神、批判精神和人文精神,培养学生的口头表达能力和文字表达能力。相对于一般的课堂讲授,教师在案例教学的知识准备、课堂组织上、教学过程控制上要花费更多的精力。案例教学要达到较好的教学效果,必须进行周密的计划、准备和安排。

金融监管课程的知识结构和知识体系等呈现出比较明显的特点,如课程内容丰富、课程的知识综合性和关联性强、课程的内容更新速度快、热点和重点问题多等。面对金融监管课程的这些特点,要注重培养学生分析问题和解决问题的能力,避免死记硬背和一知半解的学习方法,应将基本理论讲清楚,并多用案例进行具体分析,利用习题与考试考查学生分析问题和解决问题的能力,从而提高课程的教学效果。

最后,还要积极鼓励和引导学生参加社会实践。

三、发挥特长,保持优势,全面促进我校金融学科整合

为了给我国金融现代化建设培养足够的高素质的有用金融人才,我校金融学科建设要根据强校战略和跨越式发展目标的要求,从当前的国内外形势出发,培养既有丰富的经济金融知识,又有较强的实际工作能力和动手操作能力的人才。为此,笔者提出以下建议。

(一)以建设全国一流金融学科为目标,优化和拓展专业设置

要根据社会发展的需要,有计划地设置、拓宽现有专业方向,实现金融人才结构的多元化。今后,除了加强现有金融专业方向的建设外,还要根据实际情况灵活调整。笔者认为,可以考虑从信用与政策性投融资研究、金融工程和计量金融等方向加以拓展。

改革开放的实践证明,金融专业的建立和发展以及学科的设置和调整问题,都是同社会、经济的发展密切相关的。要根据我国金融体制和运行机制对金融专业教学科研的要求,及时地调整和修补,以适应形势的发展。

(二)引进竞争激励机制,重视教学科研人才的培养使用

当前,各高校金融人才数量、级别、质量、水平、专业方向、年龄分布和使用等方面的情况都在不断发生变化,我们要积极探索合理的人才数量及结构,根据我校金融专业建设的实际,规划金融专业人才培养的基本途径和相关步骤,扎扎实实向前推进。

(三)崇尚学术,尊师重教,精心打造精品教材和精品课程

多年来金融学一直是国内一个热门专业,金融学课程已经成为财经类院校中重要的理论和应用类课程之一。当前金融运行环境的新情况和新问题频出,金融学教学科研日益重要,我校金融专业招生质量和素质相对较高,我们要本着对学生和国家负责的态度更好地教书育人。

编撰金融学教材要努力兼顾教材的实践性,将金融学的基本思路和理论框架与最新实践相结合。

我们要努力构建起一个能够有利于金融专业学生提升能力、加强应用，体现金融专业核心知识体系的精品教材和精品课程。在教材编写中要侧重金融专业的核心，打造品牌课程体系。具体来说，精品教材和精品课程要有以下几方面特色及创新：

（1）应用性要强。金融学课程有着实践性和复杂性，是对金融理论和金融运行的理性认识和思考，也是财经专业学生重要的基础课程。教材编写中要注重实践，提高学生的判断力和思考力。

（2）知识与技能相结合。应努力做到分析论述深入透彻，突出金融学课程体系特点，教学富有条理性和内在有机联系。重点培养学生的金融思维方法和分析问题、解决问题的能力。

（3）注意多学科知识的融合。金融学是在市场联系中研究人类用资、融资和理财等方面行为的科学，存在复杂性和变化性。教材和课程建设中要注意多学科（如管理学、金融学、博弈论、数理经济等）知识的融合与联系，培养学生以新眼光观察新情况或问题的能力。

（4）教材和课程建设要方便教学。立足现实的金融运行态势，从一定的理论高度，帮助学生提升对金融学课程的理论、知识与技能的掌握；在教材的表述和课程讲授方面，要注意主体知识、内核知识、外围知识、背景知识和相关知识等知识体系的联动性。另外，要注意发挥学生和教师两个主体的能动作用。

（四）以学生为本，全面提升学生各项能力和素质

虽然历年我校金融专业学生录取分数在校内位居前列，但是笔者调研后发现金融专业学生在知识结构上有一定的缺陷，主要表现在以下几个方面：

1. 思维偏狭，心理素质不高

一是学生思维方式上偏重逻辑思维，缺乏形象思维。形象思维的缺乏会导致想象力的贫乏，而想象力是创造性思维所不可缺少的，尤其是对于金融创新而言更是如此。一个缺乏想象力的人，其创造能力势必低下，忽视形象思维的培养，会严重影响人才素质和能力的全面提升。二是学生在心理上缺乏强大的承受力。心理承受能力在很大程度上决定着一个人对各种社会环境和社会变化的适应能力。心理承受能力低下容易导致心理偏执、自闭倾向和情感障碍，

严重影响人的社会交往能力和沟通能力的形成,这极不利于金融人才的成长和培育。

2. 学生知识面狭窄,感性认识欠缺

由于方向或专业划分过细,又缺乏适当的金融感性认识,许多金融专业的学生知识面过窄,而知识面狭窄会严重影响其对社会、金融的深层次研究、认知和探索能力,进而导致学生未来在社会实践以及就业中缺乏独立工作能力和开拓能力。

3. 缺乏正确的义利观,"财商"有限

同智商、情商一样,笔者认为,"财商"是一个综合体,同各项能力素质密切相关。这种能力的高下直接决定和影响着一个人的追求、处世、趣味、修养甚至道德。缺乏高水准的"财商"容易造成过度贪财、势利、庸俗和道德水准的低下。高品格的"财商"素质有利于学生的心智发育。

以上问题在金融专业的学生中不同程度地存在,互为因果,相互影响,制约着学生综合素质的提高。国家之间的竞争是人才和人才培养能力的竞争,而人才质量的关键取决于其综合素质。笔者认为,对此可以从金融史以及经济史等方面加以突破或进行探索。这些知识是人才综合素质的重要组成部分,也是许多金融专业学生素质和能力培养的缺失的一环。

在教学中,我们要注意以下一些问题:

一是突出以人为本的理念。在高等教育领域,实现人的全面发展直接体现为学生的学习能力、工作能力、道德素质、社会关系与个体素质的全面提高。为此,必须真正树立以人为本的理念,针对金融专业学生实际,有目的、有重点地开展金融通识教育,并构建有关课程体系。其侧重点可放在培养学生的财商能力、思维能力、审美能力、心理承受能力和人际交往能力上,通过上述能力的培养,优化学生的知识结构,拓宽视野,陶冶性情,提高心理素质,促进人格的自我完善,激发创新能力,使他们成为真正的创造型人才。

二是确立明确的价值观导向和道德标准。这对于金融人才而言非常重要,包括遵纪守法、践行契约、诚信经商、正确的义利观等。

三是培养健全的社会人格。人具有双重属性,既是生物意义上的人,又是社会意义上的人。人既是生命个体，又是社会个体，没有可以脱离社会而独立存在的人。健全的社会人格是一个人立足社会、健康生活和工作能力不断进步的基础。

在金融教学中，首先要重视学生人文素质的培养。20 世纪 90 年代以来，世界各国对高等学校的人文素质教育高度重视，并在课程体系的安排上得到了全面的体现，包括学科构成、内容构成以及课程体系各组成部分之间的逻辑联系和相互关系。金融专业学生的能力应当是全面的。金融专业学生应有的能力包括五大范畴，即哲理判断、价值判断、审美判断、历史判断及科学判断，而每一范畴有赖于不同的知识结构。其课程体系的结构与内容应针对学生各种能力培养的要求划分为相应的学科范畴，并在此基础上设定课程内容。为此，我们需要进一步优化我校金融专业的课程设置，注重开发以问题为导向的跨学科新课程，在教学中鼓励采用“研讨课”“案例课”“问题教学课”等不同的授课形式，设立课题性质的研究中心，实现知识、文化课程与专业课程的有机结合。

其次，要重视金融专业学生隐性知识技能的培养和塑造。通识教育直接体现人才培养的教育理念和价值观，旨在推广通才教育，其使命在于实践全人教育的理念，目的在于帮助学生发展批判思考及创意思维的能力。充分调动学生的学习积极性，不但授之以鱼，更授之以渔，把让学生“学会”转变为使学生“会学”。其中很重要的一条就是有关隐性知识技能的培养问题。

再次，要提高金融专业学生的科研水平。加强学生的科研训练，充分发挥金融专业学生的创新优势，对于我校科研能力和知名度的提高具有重要意义。要发掘学生的创新潜能，提高学生的创新能力，为学生的成长创造良好条件。要资助和激励学生开展创新性课题研究或从事学术论文创作，取得突破性成果。

最后，要重视学生综合技能的培养。人才的多样性和实践性特征决定了人才不仅要有正确的人生观、世界观、价值观，还应当具有良好的文化素质、心理素质、思想道德素质、身体素质等综合素质；不仅要有坚实的理论基础、丰富的专业知识、较强的专业技能，还要有较强的动手能力和操作能力。因此，我校金融专业学生的教育，要注重学生综合技能的培养，要使学生不仅拥有良好的英语运用能力、数学基础以及计算机应用技能等,还要具备较强的逻辑思维能力、人际沟通能力、组织管理能力、分析判断能力、产品开发能力、公共服务能力等。

面对中国金融业新的历史机遇与挑战,努力提高教学科研水平,确立和巩固首都经济贸易大学金融学科在我国财经院校中的教学、科研地位,实施跨越式发展,成为全国一流的金融专业教学科研基地是我们的目标。为此,要充分调动教师的能动性、积极性和创造性,参与各种教学科研和学术交流活动,为实现首都经济贸易大学的强校战略和跨越式发展做出贡献。

参考文献:

[1]祁敬宇. 金融监管学课程教学与教材编写的体会[G]//金融学教学研究论文集. 北京:首都经济贸易大学出版社,2009.

[2]祁敬宇,王刚. 后危机时代的全球金融监管[M]. 北京:首都经济贸易大学出版社,2011.

[3]祁敬宇,祁绍斌. 金融监管案例评析[M]. 北京:首都经济贸易大学出版社,2011.

[4]祁敬宇. 我编写金融监管学教材的一些体会[G]//探索的脚步:"十一五"北京高等教育教材建设论文集. 北京:电子工业出版社,2010.

高校部分学生抄袭现象分析

施慧洪　王浩雨

摘　要:我国高校部分学生中存在作业、毕业论文、考试抄袭等现象,这严重影响了我国高等教育人才培养的质量。在文献分析的基础上,本文全面分析了大学生抄袭现象的原因、后果、对策,并创新性地提出了教师发现和防范学生作业抄袭和毕业论文抄袭的机制设计,强调将杜绝学生抄袭与减少课程数量、提升课程质量等相结合的治学经验。

关键词:抄袭,原因,后果,对策

一直以来,我国高校部分学生群体在完成其课程作业、考试甚至毕业论文过程中存在抄袭现象,影响我国高等教育的质量。对此问题,亟待研究和解决。

一、什么是抄袭

Deckert(1993)认为抄袭是作者文章里存在"一系列没有注明来源、直接引自他人文章的词语,有只稍做修改、整个结构与原文非常相似的句子,还有许多分不清是学生作者原创还是源于他人文献的模糊内容"①。赵俊杰(2010)提出国内对于学术论文抄袭的判定依据:"引用他人作品不得超过被引用作品的10%,或者引用总量不得超过本人创作作品总量的10%",否则就可认定为

作者简介:施慧洪,首都经济贸易大学金融学院副教授,主讲课程:信托与租赁、互联网金融、证券投资学、投资学等;王浩雨,首都经济贸易大学金融学院本科生。

① DECKERT G D. Perspectives on plagiarism from ESL students in Hong Kong[J]. Journal of Second Language Writing, 1993,2:131 - 148.

抄袭[①]。美国普遍将作业或论文中存在抄袭问题的学生定义为剽窃者(plagiarizer)。

不只是作业或毕业论文抄袭,考试也存在抄袭现象,甚至个别学习成绩好的学生也抄袭。考试抄袭的形式有偷看、讨论、交换答案等。

二、学生抄袭的原因

(一)主观层面

Bloch(2001)认为学生不了解抄袭的定义,对抄袭的错误原因及错误性质认知有误是导致抄袭剽窃的主要原因[②]。张惠琴等(2008)通过对233名国内全日制高等学校的普通本科学生进行调查,发现我国大学生对剽窃(plagiarism)的定义、错误原因及性质、后果知之甚微[③]。另外,何晓柯(2011)认为大学生普遍不以抄袭行为为耻,对于抄袭已经习以为常。[④]

(二)客观层面

胡文敏(2009)从体制出发,认为我国的教育体制是抄袭现象普遍存在的根本原因,学生在校内学习的知识有限,学术水平较低,同时缺乏实践机会导致其对所学知识无深刻认识,学生即使想要突破固定思维也有心无力,很难创新[⑤]。褚乐平(2008)从教师角度分析,认为部分教师自身学术水平有限,无法有效指导学生;部分教师责任心不强,疏于对学生的学术指导[⑥]。贾延江等(2007)在分析高校学术不端时指出监管层面存在的问题,即社会对学术不规范问题的监管力度不够大[⑦]。肖金香(2011)认为互联网的存在也是造成抄袭现象普遍的原因之一,网络的存在使学生可以快速找到大量详尽的文献,方便其抄袭。同

---

① 赵俊杰. 本科毕业论文抄袭的检测与防范[J]. 安康学院学报,2010,22:117-118,124.

② BLOCH J. Plagiarism and the ESL student: from printed to electronic text[C]//D BELCHER, A HIRVELA. Linking Literacys. Ann Arbor, Michigan: University of Michigan Press,2001.

③ 张惠琴,李俊儒,段慧. 中国大学生"抄袭、剽窃"概念实证研究:中、美大学生 plagiarism 概念比较[J]. 外语研究,2008(2):66-71.

④ 何晓柯. 大学生毕业论文抄袭现象透析及遏制对策[J]. 现代物业(中旬刊),2011,10(11):33-35.

⑤ 胡文敏. 学生视野下的论文抄袭现象剖析[J]. 石油教育,2009(2):91-93.

⑥ 褚乐平. 大学生毕业论文(设计)抄袭现象的原因及对策[J]. 丽水学院学报,2008(1):85-87.

⑦ 贾延江,林明河,许家瑞. 高校物资"网上竞价"采购管理研究及实践[J]. 实验技术与管理,2008,24(12):168-170.

时，网络上还出现大量商业网站等提供作业答案、论文代写等服务，诱惑学生抄袭[①]。方兴林（2016）则创新性地从博弈论的角度对大学生抄袭行为进行研究，将高校学生分成两类群体分析博弈模型的纳什均衡，指出在作业抄袭博弈均衡中，出现认真对待作业的“较好者”的净收益小于消极对待作业的“较差者”的净收益，从而产生“搭便车”现象[②]。另外，查处论文抄袭也需要成本，如缴纳查重费用、付出额外的查重时间等。

三、抄袭现象造成的后果

（一）创新力不足

大学生群体是我国学术界未来的希望，其本应在各自学习的领域有所建树并提出创新性的理论，为该领域做出贡献。如果频繁出现抄袭现象，会遏制大学生的创新思维，导致我国未来的创新力不足。

（二）影响学生的创作热情

如果抄袭现象无法被有效遏制，会显著降低原创作者的创作热情，从而减少创新性理论产生的可能性。

（三）阻碍诚信社会建立

大学生对抄袭习以为常，本质上是大学生乃至整个社会出现诚信问题。王婷婷（2013）提出论文造假等现象的存在不仅有害于大学生自身成长，更不利于良好的学风、校风形成，甚至阻碍诚信社会的建立[③]。

（四）使学校教育失去严肃性和正义性

普遍的学生抄袭会使教师失去职业自豪感，挫伤老师的积极性，进而使学生和老师更容易对社会产生消极情绪。思想政治建设若要取得成效，就必须杜绝这些舞弊行为。学校要培养有担当的人才，有创新能力的人才，也一定要杜绝这种可耻的抄袭行为。

---

① 肖金香，王宗德，胡冬南，等．高校学生抄袭作业行为分析和预防策略[J]．科教导刊，2011（9）：18－19.

② 方兴林．博弈论视野下大学生课程作业抄袭现象研究[J]．安庆师范学院学报（社会科学版），2016，35（3）：128－130.

③ 王婷婷．当代大学生诚信问题研究[D]．天津：天津大学，2013.

四、预防抄袭现象的对策

国内学者综合考虑两方面原因并结合我国实际情况，提出对于抄袭现象的解决方法。

(一)宏观层面的法律环境与制度设计

张一铭(2018)着力研究美国应对大学生学术不端的预警机制建设，分别从联邦法律法规、高校层面制度建设和美国组织机构建设三个方面进行阐述，并列举哈佛大学集体作弊典型案例。其借鉴美国治理学术不端的经验，结合我国实际情况，提出国家层面应该加强立法，加大监管力度，高校层面应完善学术不端制度建设，加强学术诚信条例执行力，制度方面完善学术期刊出版机制①。

降低学生的抄袭率，可向国外学习。美国著名高校每学期的课程很少，一般三门课，学生选四门课可能就会过不了。这些课程的难度较大，作业任务较重。而我国的大学课程，课程多，平时作业少。课程数量这么多，不同课程之间重复、交叉，学生难以深入学习。我们有必要学习国外先进经验，引导学生深入学习，而不是死记硬背。

另外，老师必须完成的课时要求过高，导致开课多，形成恶性循环。提高高等教育质量，提高学生的课程质量，我国要压缩有水分的课程数量。

随着我国高等教育质量的提高，适当减少老师的教学时间，提升科研水平，适当减少学生课时数，提升课程质量，有利于防止抄袭。

(二)微观层面的具体对策

秦浩(2015)提出，在学生撰写论文前，学校要教会学生如何区分引用和抄袭，并指导学生正确选题，论文选题不宜过滥、过大；对学生论文，指导老师应悉心指导②。陈雁鸣(2011)从图书馆视角出发，提出应发挥高校图书馆的馆藏优势，并开设文献检索课或进行文献专业教学，全力辅助学生的论文写作③。郭长

---

① 张一铭. 美国大学生学术不端行为的预警机制研究[D]. 石家庄:河北师范大学,2018.

② 秦浩. 关于本科毕业论文抄袭现象的若干思考[J]. 文学教育(下),2015(1):107－109.

③ 陈雁鸣. 高校馆视角下的大学生毕业论文抄袭现象[J]. 琼州学院学报,2011,18(4):85－86.

立等(2013)指出,高校应加强对毕业论文的检查力度,对论文重复率及答辩分别做出严格规定①。谢立娟(2015)通过实际数据说明,大学生毕业论文抄袭检测系统是预防大学生抄袭的有力工具②。

（三）教师层面低成本准确识别学生抄袭的机制设计

如果老师能够准确识别学生的抄袭行为,就能守住防止抄袭的最后关口。以选修课期末作业判分为例,我们可以布置文献综述作业,由教师设置前沿性的话题,指导学生检索高水平文献,如何下载、阅读并进行文献综述。这对于提高学生的科研基本功,开阔学术视野,避免好高骛远、眼高手低,是非常有利的。

对于作业,我们设计的发现抄袭的机制是:①只写文献综述,不写论文。例如规定学生至少要查阅10篇以上的重要文献,本科生5 000字,硕士生6 000字,三四个人组成一个主题小组。最后形成一篇基本符合学术规范的初稿。②作业分次交,并上交下载的文献,学生根据教师的要求修改作业。教师不断给学生提出修改要求,经过四五轮的修改后,抄袭部分就逐渐被替换掉了。这样做教师花的时间较多,但也有回报,便于积累教学素材,为社会整理专业知识。

对于毕业论文,防止抄袭的机制设计是:①不要求学生搞原创,而是要求学生找一篇国外1区的论文,配以国内的同源论文,进行消化吸收,并用中国数据进行分析。②要求学生提供数据和程序,并现场演示。③学生文献综述的基本功打好后,抄袭的可能性就降低了,要求学生认真地做文献综述。④辅以查重服务。

这些机制设计,根本在于构筑杜绝抄袭的体系,把自主创新的火种植入学生内心。

参考文献:

[1]赵俊杰. 本科毕业论文抄袭的检测与防范[J]. 安康学院学报,2010,

① 郭长立,潘昊. 关于本科毕业论文(设计)抄袭现象的思考与对策[J]. 实验技术与管理,2011,28(8):186－188.

② 谢立娟,于洪涛,任军,等. 本科生毕业论文(设计)抄袭方式及预防对策研究[J]. 民族高等教育研究,2015,3(3):83－85.

22(2):117－118,124.

[2]何晓柯. 大学生毕业论文抄袭现象透析及遏制对策[J]. 现代物业(中旬刊),2011,10(11):33－35.

[3]胡文敏. 学生视野下的论文抄袭现象剖析[J]. 石油教育,2009(2):91－93.

[4]褚乐平. 大学生毕业论文(设计)抄袭现象的原因及对策[J]. 丽水学院学报,2008(1):85－87.

[5]贾延江,林明河,许家瑞. 高校物资"网上竞价"采购管理研究及实践[J]. 实验技术与管理,2008,24(12):168－170.

[6]肖金香,王宗德,胡冬南,等. 高校学生抄袭作业行为分析和预防策略[J]. 科教导刊,2011(9):18－19.

[7]方兴林. 博弈论视野下大学生课程作业抄袭现象研究[J]. 安庆师范学院学报(社会科学版),2016,35(3):128－130.

[8]王婷婷. 当代大学生诚信问题研究[D]. 天津:天津大学,2013.

[9]张一铭. 美国大学生学术不端行为的预警机制研究[D]. 石家庄:河北师范大学,2018.

[10]秦浩. 关于本科毕业论文抄袭现象的若干思考[J]. 文学教育(下),2015(1):107－109.

[11]陈雁鸣. 高校馆视角下的大学生毕业论文抄袭现象[J]. 琼州学院学报,2011,18(4):85－86.

[12]郭长立,杨曼,潘昊. 本科生毕业论文抄袭问题的治理及效果比较[J]. 实验技术与管理,2013,30(3):130－134.

[13]谢立娟,于洪涛,任军,等. 本科生毕业论文(设计)抄袭方式及预防对策研究[J]. 民族高等教育研究,2015,3(3):83－85.

新冠肺炎疫情期间课堂教学展示创新

——专业联欢分析

施慧洪

摘　要:本文的专业联欢是指每位学生在5分钟脱稿发言之后,展示自己的才艺。本科生以个人才艺为主,而硕士生则是小组展示。专业联欢对于老师和学生都是一种挑战,但它符合教育规律,能培养学生的综合能力。最后分析了专业联欢的设计与条件,如何取得良好效果。

关键词:专业联欢,才艺展示,设计

本科教学最后几周通常是学生展示阶段(presentation)。在2020年下半年新冠肺炎疫情时期,我们在本科与研究生教学中采用了专业联欢的方式,既改善了学生心理状况,又显著提升了课堂效果,经验值得总结。

一、专业联欢全方位锤炼师生

(一)专业联欢的挑战

传统课程展示通常气氛冷淡,学生没有投入热情。专业联欢,对学生是一种挑战,它要展现学生的综合素质,进而激发学生发展能力的意愿;对老师也是一个挑战,面对80多位学生的大课堂,如果老师没有掌控课堂的能力,则现场会非常尴尬。

要让持续几周的专业联欢受到学生的欢迎,我们的经验是,活动全过程要不断创新,避免出现边际递减效应,如不断挖掘新人,使用新的表现形式,呈现新的组合。这需要学生与老师共同努力,设计、组织好专业联欢活动。

作者简介:施慧洪,首都经济贸易大学金融学院副教授,主讲课程:信托与租赁、互联网金融、证券投资学、投资学等;王浩雨,首都经济贸易大学金融学院本科生。

1. 5 分钟的发言难倒许多学生

我们要求每个学生脱稿发言 5 分钟,不用 PPT,并体现出专业性与趣味性。有的学生做得很好,有的学生就手足无措。专业性、趣味性显然需要学生创新,若不创新,效果就不会好。

5 分钟的发言,要求文字不超过 500 字。作为学期成绩的重要组成部分,发言主要考察的不只是专业,而是综合能力和整合能力。专业水平要通过考试和文献综述来考察。发言考察的是综合素质,这也是影响学生未来职业发展的关键因素之一。把话说得有趣,少不了技巧、方法和艺术。

2. 动员学生才艺展示的成功经验

我们将学生分为 25 个小组,每组 3 ~ 4 人。专业与才艺展示的综合评分由小组的组长评定。学生认真对待,表演过程与现场反馈成为每个学生难忘的经历。

学生的发言要想吸引所有同学的注意力,必须注意以下几方面:①在语言表达上要创新,即使失败也有价值。实践中,要求学生提前准备发言提纲,现场即兴发挥,效果良好。一些展示失败的学生的经历也有价值。②不断推出新的主持人与新的主持风格。四周展示期间,每周两位,男女搭配,轮换主持,这可以发现人才,给有意向的学生展示的机会。

学生感受到了收获,顾虑逐渐消除,积极性也逐渐调动起来了。专业联欢第一周,表演节目较少,则课间休息;到第四周,即使课间不休息,仍有 1/3 的节目没有表演完。这超出了所有人的预期。大家参与其中,气氛很好。

充分调动学生创作的积极性,是活动取得成功的重要原因。专业故事、案例、人物介绍等往往是有趣的。

3. 专业联欢培养学生的综合能力与整合能力

5 分钟的发言展现了学生的态度、能力、知识以及沟通能力。专业联欢的展示效果整体上积极而且活动可以鞭策个别消极的同学。

专业联欢有利于学生均衡发展,发展沟通能力,培养专业能力。

专业联欢的效果,一是体现创新,二是全面培养学生。“我们的教育要培养德智体美全面发展的社会主义建设者和接班人。”

（二）专业联欢的教育成效

辅助判定学生作业成绩，5 分钟发言可充分显露学生的能力。期末大作业指定主题的文献综述，能多个方面互相验证，更加科学地判定学生成绩。

每个学生的发言过程也是老师了解学生的机会，其学习态度、学习能力、心理状态、心理素质，甚至未来发展都可能呈现出来。这样，老师与学生的沟通事半功倍，更富有成效。老师不能高估也不能低估学生，要因材施教，实事求是。

二、新冠肺炎疫情时期课堂教学的创新——专业联欢的理论基础

习近平总书记说："教育是民族振兴、社会进步的重要基石，是功在当代、利在千秋的德政工程，对提高人民综合素质、促进人的全面发展、增强中华民族创新创造活力、实现中华民族伟大复兴具有决定性意义。"教育需要增强学生创新意识和创新能力的培养。

教育要培养学生的人格。新冠肺炎疫情时期，同学之间缺少交流尤其是新生，每天教室、宿舍、食堂三点一线，本班的同学甚至见面都不认识。这种现状不利于学生的心理健康，在课堂教学的学生展示阶段进行专业联欢，可以给每位同学提供全面展示自己的机会。

同龄人相互的影响要强于老师的苦口婆心。从教育心理上来说，没有人喜欢单调、重复、无味地灌输。开展专业联欢的两个班级，本科生班 65 人，硕士生班 85 人。学生的素质不一，相互影响的效果较好。

三、专业联欢的条件与设计

（一）专业联欢的基础是专业

学生课程作业小组每组约 3 ~4 人，专业任务通常是专题的文献综述，需要查找国内外文献，包括期刊、著作、报纸、网址等。在专业辅导中，我们讲授了如何查阅 Web of Science（WOS）进行文献检索，如何通过百度学术、谷歌学术、馆际互借、经管之家（bbs. pinggu. org）等来获取英文期刊文献，以及如何通过知网（CNKI）来获取中文期刊、报纸与学术论文等。学生需要学会查找文献，写出文献综述。文献综述任务既能锻炼学生的科研能力，又符合学生实际，是必要且可行的。

(二)才艺展示的不同方式

才艺展示有两种方式:一是小组成员发言完成后,以小组为单位进行展示,如唱歌、跳舞、三句半等。它的优点是表演流程化,学生的压力小,但表演质量不高。二是个人才艺展示,如舞蹈。这种方式的优点是学生准备认真,才艺水平高,缺点是表演者压力较大。

(三)隐含的前提条件:班委较强的组织管理能力

本科生课程班由2个班组成,其中一位班长是学院学生会主席,威信较高,班委之间的关系也较紧密。集体的支持使得学生觉得有必要认真准备才对得起大家。硕士生班则是自娱自乐型,以作业小组为单位参加才艺活动。

班级文化是消极还是积极的,存在偶然性。专业展示效果得到学生的认可,学生就会更加喜欢专业课。

(四)不断求变,保持学生的参与热情

四周时间内的四次展示,如何保持学生的热情是一种挑战,尤其考验学生干部的组织能力,老师的掌控力。老师、学生干部、学生之间充分沟通,保持新鲜劲,不断创新,只有“新”才能充分调动学生。我们对将活学活用等思想贯穿始终。

(五)激励,包括加分、表扬、礼物等

在加分的激励下,学生克服心理上的阻力,积极参加活动。人们最难改变的是习惯,而只有尝到改变的甜头,才会形成改变的惯性。

新冠肺炎疫情冲击下网络教学的探索与实践

唐伟霞　温煜坪　侯嘉禾　李昕儒　崔　涛

摘　要:网络教学对那些习惯于面授的教师来说既是挑战也是机遇。在疫情冲击下实施的网络教学既是对教师信息化能力的全面检阅,也是对“互联网＋教学”模式改革的实践探索。本文首先分析与线下教学相比,网络教学的优势和弊端,进而深入解析网络教学实践中的问题,最后给出对策建议。

关键词:疫情冲击,网络教学,人才培养

2020年新冠肺炎疫情对全球教育的影响巨大,不少国家全面停课以防止疫情传播。教育部2020年1月27日出台了《关于2020年春季学期延期开学的通知》,要求“全国各地的学校2020年春季学期延期开学,学生在家不外出、不聚会、不举办和参加集中性活动”。全国高校积极响应,“停课不停教,停课不停学”,探索多种形式的线上教学。

教育部于2020年2月4日又下发了《关于在疫情防控期间做好普通高等学校在线教学组织与管理工作的指导意见》,提出“采取政府主导、高校主体、社会参与的方式,共同实施并保障高校在疫情防控期间的在线教学,实现‘停课不停教、停课不停学’”。在此背景下,如何合理安排教学工作、如何高效开展教学活动,值得我们思考和探索。

网络教学对那些习惯于面授的教师来说既是挑战也是机遇。网络教学既是对教师信息化能力的全面检阅,也是对“互联网＋教学”模式的实践探索。随着信息技术的发展,网络教学独特的优势使其与线下教学相辅相成。教师要调

作者简介:唐伟霞,首都经济贸易大学金融学院副教授,研究方向:国际金融。温煜坪、侯嘉禾、李昕儒、崔涛,首都经济贸易大学金融学院研究生,研究方向:国际金融。

整工作状态，尽快适应网络教学模式，学习和掌握网络教学技能；学生要进一步增强自主学习意识，积极配合教师完成教学活动。

本文首先分析与线下教学相比，网络教学的优势和弊端，进而深入解析网络教学实践中的问题，最后给出对策建议。

一、网络教学的优势

相对于传统的线下教学，网络教学主要有以下四个优势。

（一）突破时间和空间限制，授课便捷

与线下教学相比，网络教学突破了时间和空间的限制，师生可根据自己的情况自行安排上课时间和地点，教师打开电脑或手机就可以完成教学任务。教师的讲课地点不再局限于讲台，教师可以线上向学生展示教学内容。学生可以根据自己的安排选择学习地点，进而提高学习效率。有调查表明，网络教学的出勤率反而高于课堂教学，这在一定程度上提高了学生学习的积极性。

除此之外，便捷性还体现在远程控制方面，老师可以发布线上作业，通过查看完成率来检验学生作业的完成情况，提高批改作业的效率。

（二）教学资源丰富，学习方式多样化

现代信息技术提供了丰富的教学资源和教学模式，如微课、短视频、课件等，教师可以充分利用它们进行授课，学生可以更加丰富和多样化的方式学习，从而激发学生的学习兴趣。

（三）学习氛围轻松，提高学习效率

网络教学不需要面对面接触，营造了一种更加轻松的学习氛围。学生在回答问题时可以更自如，从而有效降低师生互动中的压力，缓解紧张感，也有助于学生更好地吸收理解知识。

网络教学没有教室座位的空间限制，没有座位远看不清黑板等问题，相当于学生都能“等距离”面对老师，有利于提高课堂学习效率。网络教学不受课堂规模的限制，课堂秩序可以得到保证，不会出现个别学生交头接耳影响整个班级的现象。对于学习自觉性高的学生而言，效率更高。

（四）网络教学的回放功能

网络教学的独特优势体现在课程可以录播回放。如果学生因各种原因错过某些知识点，可以回放学习，系统复习。教师则可以复盘教学内容，提高授课能力，有利于形成授课体系甚至编写新教材。

二、网络教学的弊端

相对于线下教学，网络教学存在的弊端也不容忽视。

（一）缺乏对学生的有效管控，师生距离感强

线下授课时，教师可以监督学生学习。线上授课教师无法约束学生，如果学生自我约束能力差，注意力会不集中，甚至中途离开，教学效果将大打折扣。

师生之间缺乏眼神的交流，无法通过肢体语言传达信息，产生距离感，教师无法准确了解学生的掌握程度。

（二）课堂讨论氛围不足

网络教学使得教师无法巡视课堂，无法了解学生的学习状态，师生互动、学生讨论都不如线下教学效果好，缺乏浓郁的学习氛围。

（三）网络教学的软硬件设施不完善

硬件设施主要体现在 App、网络以及地区发展不平衡方面。因为不同课程可能使用不同应用程序，学生需要熟练运用多个 App，占据手机内存，性能不足的智能手机会出现卡顿、掉线等现象，影响教学和学习效率。若网络或软件出现故障，也会耽误课堂教学，从而影响教学进度。发达地区学生可以方便地享受互联网发展带来的便利，而落后地区的学生可能没有足够的条件参与网络学习，造成地区教育发展的不平衡。

三、对策建议

网络教学优势和弊端并存，如何克服其弊端，发挥其作用，与线下教学形成互补，是学校与师生共同努力探索和实践的方向。

（一）克服师生互动不足问题，引导学生自主学习

在网络教学中，学生可以利用弹幕功能，将问题及时反馈给教师。在回答

问题环节，让少数学生发言既可以检验学生的听课效果，还可以达到课堂签到的目的。此外，也可以设置奖励性问题，通过积分等形式进行激励，以弥补网络教学互动性不足的缺点。

长时间网络授课很容易乏味，难以保证教学质量。教学团队在授课中可以采取"以项目为支撑的模块化教学模式"，更加关注学习成效，强调学生的主体地位，注重引导学生自主学习。《教育部关于一流本科课程建设的实施意见》要求"杜绝单纯知识传递、忽视能力素质培养的现象。强化师生互动、生生互动，杜绝教师满堂灌、学生被动听的现象"。网络教学要求学生充分发挥自身潜能，将传统的教学过程转变为自主学习的过程。

（二）教师为学生引路，调动学生学习的积极性

教师的任务是为学生引路，在讲授必要的知识点之后，留给学生自学的余地，而不是一味灌输。教师可以通过发散性的多样化考核方式，了解学生对知识的理解程度。可以通过紧凑的上课环节设计，丰富多样的教学活动，不定时地提出问题、课堂练习等，做到张弛有度。应以饱满的热情和精练的内容呈现知识，尽量使课程具有新鲜感，积极调动课堂氛围和学生学习的积极性，防止学生出现倦怠情绪，避免出现学生在线未听课等现象。

以跨国公司金融课程为例，每周讲一章，包含教材、例题和练习题。教师在"智慧树"上发布教学任务，学生按照学习小组，通过组内讨论的形式自学教材；组内无法解决的问题通过微信群提问，教师解答。同时，教师选取重点、难点，设置成"小组作业"或"个人作业"对学生进行考查；或者通过腾讯会议进行提问和讲解。在每周课程结束时，发给学生课后练习题的答案，学生对照答案自检，有疑问的地方下周上课时在微信群提问。学生是教学活动的主体，他们需要通过个人努力和彼此协作完成学习内容和作业。教师的讲解起辅助的作用，考查起推动的作用，目的都是帮助学生准确、积极、顺利地完成对新知识的学习。

此外，教师还可以邀请有经验的业界人士分享行业经验与心得，从不同角度拓展学生的知识面，使其提前了解职业方向。

（三）完善教学平台建设，灵活选用教学平台

高校应认真分析网络教学的特点，制定相应的评价标准，提升教学质量。同时，要整合优质网络教学资源，不断完善教学平台建设，更新教学设备，组织教师进行现代化技能培训等。通过建设与完善教学平台，保证学生课前可预习，课中可听讲、可互动，课后可复习、可交流、可拓展。学校应当尽可能采用简单易操作的软件，学生无须下载新软件，减少学生的操作量，同时也利于满足偏远地区学生的需求。

灵活选用授课平台，保证教学活动顺利进行。调查显示，大多数教师选用“超星学习通”和“雨课堂”作为授课平台，这两个平台在全国的使用率也较高，但也存在上课高峰期大批页面卡顿及无法登录的情况。相对成熟的教学平台确实更受欢迎，但也要充分考虑同时登录时平台的承载能力，这恰是很多教师选用平台时易忽略的一点。

（四）加大随堂考核力度，增加学生组间互评

网络教学的课堂强度不高，要保持学生的兴奋度，体验学习的挑战性，加大随堂考核力度是可行的办法，教师上传作业，学生限时完成并提交。对每次考核进行打分，总分以一定比例计入期末成绩，这样能够有效促进学生学习，提高学习效率。

在网络教学中，学生无法直观看到其他同学的表现，无法对自己的水平准确定位。为了提高学生之间学习的透明度，可充分利用“智慧树”上“小组互评”这一功能，让学生看到彼此的学习情况，营造相互督促的氛围。为了最大限度地保证评分的公正性以及学生参与的积极性，可按照“教师评阅分数占 80%，学生互评分数占 20%”的比例进行设置。

参考文献：

[1]教育部．教育部关于2020年春季学期延期开学的通知[EB/OL].[2021－06－03].http://www.moe.gov.cn/jyb_xwfb/gzdt_gzdt/s5987/202001/t20200127_416672.html.

[2]教育部. 教育部应对新型冠状病毒感染肺炎疫情工作领导小组办公室关于在疫情防控期间做好普通高等学校在线教学组织与管理工作的指导意见[EB/OL]. [2021-06-10]. http://www.moe.gov.cn/srcsite/A08/s7056/202002/t20200205_418138.html.

[3]关睿. 新冠肺炎疫情下网络教学方式的探索与实践:以本科“中级西班牙语”课程为例[J]. 科教文汇(上旬刊),2020(6):181-182,188.

以专业课教学为载体打造学生高层级思维能力

——基于布鲁姆认知模型的研究

王雅婷

摘　要：布鲁姆认知模型将思维能力分为“记忆、理解、应用、分析、评估、创造”六大层级。电脑、智能手机等外部智能设备的快速发展将人类大脑的“记忆”部分解放出来，信息时代要求高层次人才具备“应用、分析、评估、创造”等高层级思维能力。基于布鲁姆认知模型，本文界定了常见思维名词的范畴和相互关系，认为不同层级的思维过程是与不同的提问关键词结合在一起的，专业课教学以课程内容为载体，以代表不同思维层级的提问关键词进行提问设计，训练学生识别体现不同思维水平的提问关键词，打造学生高层级思维能力。在本科专业课授课过程中探索并干预学生大脑思维过程，既能促使学生更为深入地掌握专业课知识，又可提升学生更高层级思维能力，有利于学生思辨能力的培养及未来职业发展。

关键词：布鲁姆认知模型，思维能力，批判性思维，专业课教学

外部智能设备（如电脑、智能手机等）的快速发展将人类大脑的“记忆”部分解放出来，绝大部分需要记忆的知识借助这些外部设备可以轻松查询，大学生对于在课堂上学习那些能够从手机、电脑轻易获知的知识已经严重缺乏学习兴趣和动力。信息时代下，大学课堂必须着力培养学生除了记忆、理解之外更高层级的思维能力，才能在激烈的人才竞争甚至在与人工智能的竞争中获胜。在这些更高层级的思维能力中，批判性思维能力、结构性思维能力以及创新能力培养起来更为困难，宜早不宜迟。

一、布鲁姆认知模型与智能时代对高层次人才的培养要求

美国心理学家、教育家本杰明·布鲁姆（Benjamin Bloom）教授于1956年发

作者简介：王雅婷，经济学博士，首都经济贸易大学金融学业保险系教授，博士生导师。

表文章《教育目标分类：认知领域》，认为思维有六种级别，分别是识记、理解、应用、分析、综合与评价，这六种思维级别被广泛接受和使用，也就是影响了两代美国人的“布鲁姆教育分类法”，亦称布鲁姆思维能力模型或认知模型。2000年，这个认知框架经过布鲁姆的学生安德森(Anderson)修订，最终形成了思维能力层级列表，将思维能力按照从最简单到最复杂的顺序排列(见图1)。

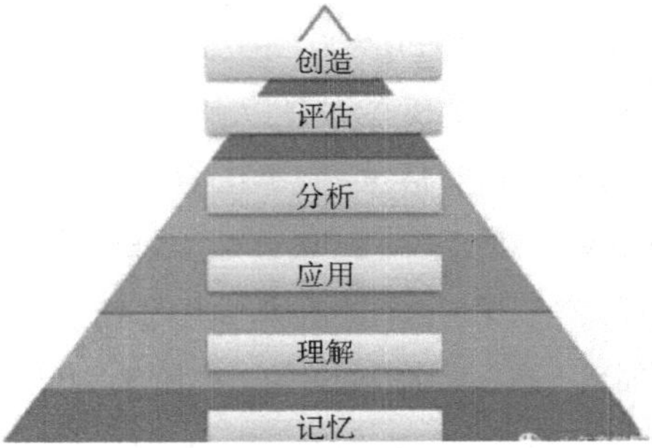

图1 布鲁姆思维能力层级模型

布鲁姆认知模型把思维能力层级分为六个水平，从低到高依次是：①记忆，指对基本概念和具体事实的记忆和复述；②理解，指能够用自己的话解释概念，搞清事物的意思；③应用，指能够把经过理解的知识应用在新的场景里；④分析，把复杂的知识整体分解，并建立各部分之间的联系(如因果关系、并列关系、递进关系等)，发现事物的本质；⑤评估，指根据标准评判某种观点、决策或选择其他办法；⑥创造，指能够产生新的原创性工作，创建新的思想并预测可能的结果。我国从义务教育到高等教育阶段，学生在学校课堂上并不缺乏记忆、理解这两个层次的教育和训练，然而从思维能力的第三个层级开始，从应用一直到创造，学校的课堂教育仍存在很大欠缺。

在当前智能时代背景下，我国高层次人才除了要具备从事本专业工作的能力和素质外，更应该具备独立获得知识、提出新问题、分析新问题并提出新解决方案的系统性思维能力和创新性思维能力。这一能力是各行各业都需要的能力，是可迁移的能力，能够适应未来职业的多样化发展。例如，目前人工智能行业并不缺少一般意义上的编程技术人员,大量的公司技术专家都在攻克 AI 底层,而是缺少极具创造力和洞察力的人才。从一定意义上讲,现在的人工智能技术已经较为成熟,之所以还没有得到广泛使用,是因为在应用上没有将底层技术的商业价值体现出来。目前,我国在人工智能全球浪潮中处于领先地位,财经类大学应该抓住良机,与时俱进,为中国智能金融的发展做好高层次人才培养和输送工作,为新一轮的全球人才竞争做好准备。

二、国外教育的核心在于对学生思辨能力的培养——以美国为例

教育最重要的差别,不在于硬件差异,而在于培养内容的差异,即是否在教育过程中更深入地干预学生大脑的思维过程、是否更注重培养学生的思辨能力和做事方法。美国从幼儿园到研究生的整个教育体系都是围绕这个中心服务的。

(一)小学阶段培养学生的初步思辨能力及做事方法

美国从幼儿园和小学开始,分阶段给孩子们讲授如何区分"事实"和"观点",培养孩子们的初步思辨能力。在幼儿园、一二年级阶段主要讲授基本元素;三四年级阶段教会初步运用;五六年级阶段教授全面运用。随着孩子年龄增长,举的例子也更抽象。举例来说,在低幼年级阶段,会教孩子们辨别"这个苹果是红的"是事实,而"这个苹果很大"则是观点。到了小学高年级,会教孩子们辨别"这个女孩很漂亮""地球很巨大"是观点,"这个女孩的眼睛是蓝色的""地球是圆的"才是事实,并让孩子们理解事实是客观的,但观点却是主观的,是由价值观和信仰所决定的。教会孩子用事实(客观)支撑观点(主观),理解"原因"和"结果"。

(二)中学阶段培养学生的深度思辨能力及做事方法

到了初高中,美国教育体系(教师或教材)开始教学生深度运用思辨能力并传授做事方法。例如,历史课会教学生编制历史年表、区分一手资料和二手资料、用"5W"法对一手资料进行分析等;此外,还会教学生使用基本的批判性思维技巧,比如如何理解原因和结果、如何预测、如何对比,以及如何推导并得出结论。整个中学阶段,学校会重点打造学生们读书、写论文和思考的方法,为大学阶段乃至工作生涯打好了扎实的思维和方法论基础。

（三）大学阶段注重通识和专业知识的大量输入

在中学阶段充分学习了思辨及做事方法后，学生的思辨能力基本形成，随后进入专业课的大量、高强度学习。在美国大学阶段的课堂上，教师开始注重专业知识的大量输入。这个阶段，所谓的“满堂灌”现象似乎更为普遍了，在几十人、上百人的大教室里，老师们速度很快地进行着专业知识的讲授，课后学生们进行大量阅读并完成作业，这样大量的专业知识输入、输出给大学生们打下广博的专业基础。当然，在教师课堂讲授过程中，会灵活运用互联网案例、校内课堂教学管理系统等进行现场提问、讨论、发言、点评等。

（四）研究生阶段注重训练学生对专业领域的深度耕耘

最后，在研究生课堂上，学生在教授们的带领下，真正开始专业综合运用。这个阶段，课堂人数明显减少，学生们运用高中之前所培养的思辨技能及分析方法，结合大学期间扎实的专业基础知识，深入探索某一研究领域，对专业领域进行深度学习。每次上课之前，研究生们必须完成教师布置的十几篇经典文献阅读，教师围绕每次课的主题，组织学生根据所读文献自己归纳总结专业领域的知识要点和知识体系，并提出若干批判性问题组织学生深度讨论，鼓励学生提出创新性观点。研究生阶段，是学生思辨分析方法与专业基础知识相结合的重要时期，也是研究成果的重要产出时期。

几十年来，美国教育已经形成从幼儿园到研究生阶段的一系列强调培养思维能力和做事方法的教育要求和标准，全国教育界已经达成共识，一代代教育者按照这些标准和要求，耐心而细致地贯彻执行。从小经过这样一整套教育方法训练出来的学生，其思辨能力、分析能力、表达能力等必然更高一筹、更显章法。当然，由于智力、家庭教育、兴趣及其他因素的差异，很多孩子并没有很好地掌握这些思维技能和做事方法，从而也就逐渐出现了教育分层乃至最终的社会分层。我校学生已然进入大学阶段，我们应取长补短弥补教育方法上的差距，以大学专业课教学为载体，重点培养学生的思辨习惯和思辨方法，并结合专业领域的学术热点对这些思维方法进行深度应用和继续培养。也就是说，教育内容更像是载体和手段，其最终目的是锤炼学生高层级思维能力。

三、布鲁姆思维层级相对应的提问关键词与常见思维名词的范畴界定

(一)与布鲁姆思维能力层级相对应的动词及提问关键词

在布鲁姆思维能力模型(认知模型)中,对应六大层级思维水平有一些可用于衡量、说明思维能力的动词以及提问关键词,在使用这些动词或提问关键词的场景,基本能够判断该场景是在运用哪一个层级的思维能力。

1. 第一层级:记忆

记忆(remember),是对基本概念和具体事实的记忆和复述。其对应的动词有:定义(define),重复(duplicate),列举(list),背诵(memorize),复述(repeat),陈述(state)。此外,挑战“记忆”层级思维能力的提问关键词包括:谁、哪里、什么、多少、什么时候、怎么样等,即“5W1H”提问法。这些问题属于澄清信息内容的问题,通过回答这些问题,学生能够记忆并检索之前所学习的内容。我们以“社会医疗保险”这一专业领域为例,属于“记忆”层级的问题或提问方法有:健康风险的特征和种类有哪些?过去人们怎么支付医疗费用?现在有哪些新的支付方式?美国人支付健康护理费用的四种基本方式是什么?这些方式是怎么产生的?一旦出现以上动词或提问关键词,我们就可以清楚地知道这些要求和问题属于“记忆”这一层级的思维水平。

2. 第二层级:理解

理解(understand),指能用自己的话解释概念,弄清事物的意思。其对应的动词有:分类(classify),描述(describe),讨论(discuss),解释(explain),识别(identify),定位(locate),认识(recognize),报告(report),选择(select),翻译(translate)。此外,挑战“理解”层级思维能力的提问关键词包括:为什么、A与B有什么区别、主要内容是什么等。这些问题不再只是复述材料的表面意思,而需要在理解的基础上解释材料内容。例如,“社会医疗保险”领域属于“理解”层级的问题或提问方法有:美国Medicaid与Medicare制度有什么差异?我国为什么将城镇和乡村的基本医疗保险“双轨制”进行“并轨”?一旦出现以上动词或提问关键词,我们就可以清楚地知道这些要求和问题属于“理解”这一层级的思维水平。

3. 第三层级:应用

应用(apply),指能够把知识应用在新的场景里。其对应的动词有:执行(execute),实施(implement),解决(solve),使用(use),证实(demonstrate),解释(interpret),操作(operate),制定(schedule),简述(sketch)。挑战“应用”层级思维能力的提问关键词包括:有其他什么情况是一样的,如果……会发生……,还有……方式等。这些问题令人把在其他场合学到的知识拿来运用到当下的场景,或将知识运用到另一领域,举一反三。例如,“社会医疗保险”领域属于这一层级的问题或提问方法有:美国平价医疗法案实施会给提供医疗服务的部门(如医院)带来什么变化?如果我国也实施类似规定,会出现什么情况?只要出现以上动词或提问关键词,则可以判断这些问题属于“应用”层级的思维水平。

4. 第四层级:分析

分析(analyze),是指能把复杂的知识整体分解,并建立各部分之间的联系(如因果关系、并列关系、递进关系等),发现事物的本质。该层级对应的动词有:区分(differentiate),组织(organize),关联(relate),比较(compare),对比(contrast),辨别(distinguish),考察(examine),尝试(experiment),质疑(question),测试(test)。挑战“分析”层级思维能力的提问关键词包括:……由哪几部分构成?这些部分有什么逻辑关系?这些问题是为了深入了解材料,将材料给出的信息进行拆分,区分不同部分以了解其结构,发现整体与部分的关系。例如,“社会医疗保险”领域属于这一层级的问题或提问方法有:医生、病人、购买健康保险的消费者,三者的行为特征及需求有什么内在关系?只要出现以上动词或提问关键词,我们就可以判断这些要求和问题属于“分析”层级的思维水平。

5. 第五层级:评估

评估(evaluate),是指能根据标准评判某种观点、决策或选择其他办法。其对应的动词有:赞成(appraise),争论(argue),辩护(defend),判断(judge),选择(select),支持(support),估价(value),评论(critique),权衡(weigh)。挑战“评估”层级思维能力的提问关键词包括:你认为…对/错?有没有更好的建议,为什么?作者有没有错误?作者是否出现前后矛盾的情况?这些问题是对现象、他人观点作出评判，并进行原理阐述、事实阐述以支持该评判。例如，“社会医疗保险”领域属于这一层级的问题或提问方法有：你是否同意“削减 25% 的临终护理预算以提高疾病预防服务的投入”，为什么？为什么 Bodenheimer 认为美国医疗系统“是一个悖论，匮乏与超额并存”？你是否同意这一观点，为什么？这一现象是否公平，为什么？一旦出现以上动词或提问关键词，我们就可以清楚地知道这些要求和问题属于“评估”层级的思维水平。

6. 第六层级：创造

创造（create），是指能够产生新的原创性工作，创建新的思想并预测可能的结果。其对应的动词有：设计（design），组装（assemble），构造（construct），推测（conjecture），开发（develop），构想（formulate），编写（author），调查（investigate）。挑战“创造”层级思维能力的提问关键词包括：你的观点有什么不同？你自己可以从中发现什么？这些问题可以令人跳出事情本身，挑选重要信息对自己掌握的知识进行重新组合，并得出自己的结论。例如，“社会医疗保险”领域属于这一层级的问题或提问方法有：你认为符合我国当前国情的基本医疗保障模式可以有哪些改进，为什么？在创造性工作领域，重新创作故事结尾、改编故事情节等属于“创造”层级的思维能力；在研究性工作领域，选择新的方法、寻找新的角度等则属于“创造”层级的思维能力。因此，一旦出现以上动词或提问关键词，我们就可以判断这些要求和问题已经达到“创造”层级的思维水平。

图 2 对布鲁姆思维能力模型中的六大思维水平进行了归纳，从图中可以清晰地看到，前三个层级“记忆、理解、应用”尚属于“理解别人的观点”的层次，中间两个层级“分析、评估”已达到“评论别人的观点”的水平，最后的“创造”层级则到了“提出自己的观点”的高度。这一点与硕士生、博士生培养过程和目标不谋而合，硕士、博士的培养也是从阅读文献开始，到评述文献，直至提出自己的创新观点。如果学生在大学本科阶段就接受了类似的思维训练，将为未来进一步深造打下坚实的思维能力基础。

（二）常见思维名词的范畴界定

在与思维相关的若干短语组合中，较为常见的组合有“创新性思维”“批判性思维”“结构性思维”等，下面我们界定这些短语在布鲁姆思维能力模型中的

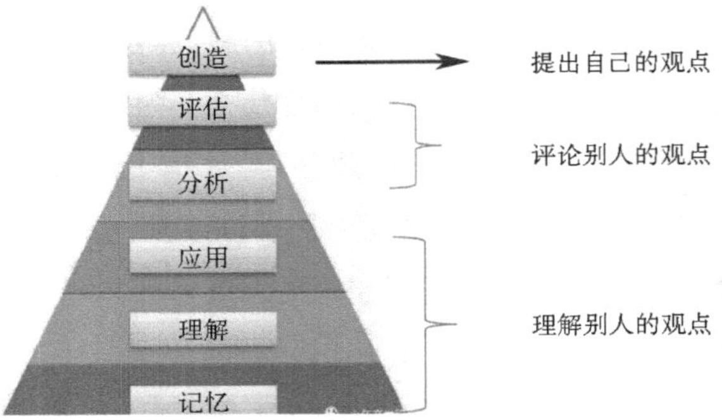

图2 对思维能力六大层级的归纳

位置。首先,“创新性思维”显然就是模型的最高层级,与“创造”层级属于完全相同的范畴,是指能够进行新的原创性工作、创建新思想的思维能力。其次,“批判性思维”(critical thinking)无法对应六个层级中的某一个层级,它是综合若干思维层级而形成的。针对某一事物或观点,从“应用”这一层级的思维开始,综合进行“分析”“评估”“创造”,才有可能实现批判性思维过程。因此,可以认为批判性思维是布鲁姆认知模型中更高层级的思维能力。最后,“结构性思维”(structured thinking)①是近年来的一个热点词汇,它是指人们在认识世界的过程中,从结构的角度出发,利用整体和部分的关系进行有序思考,从而更清晰地表达,更有效地解决问题的思维方式。简单而言,就是想清楚、说明白。显然,结构性思维的主要功能是用于对思维过程进行有序整理,无论是输入知识还是输出知识,都可以将输入输出变得清晰、简洁、有序。因此,结构性思维非常关键,它可以贯通式地应用于布鲁姆模型的所有层级,无论是记忆、理解等简单层级,还是分析、评估乃至创造等复杂层级,都需要结构性思维的有序整理。

综上所述,教师在授课过程中,基于布鲁姆思维能力分级理论,结合教学内容设计并提出体现不同层级思维水平的问题,遵循学生学习过程中思维递进规

① 结构性思维与系统性思维容易混淆。系统性思维是人们运用系统观点,对对象的互相联系的各个方面及其结构和功能进行系统认识的一种思维方法。这两种思维有一定相似性,都是对事物进行结构化的有序处理,但两者的侧重点不同:结构性思维侧重于结构本身,关注对思维进行有序整理;系统性思维侧重于结构中的整体,更关注思维的全面性。

律并形成完整体系，强化高层级思维习惯和思维方法，同时在所有层级中有效运用结构性思维整理输入或输出的专业知识，将能够促使学生真正地深度学习和深度思考，极大地提升学生的思维水平（见图3）。

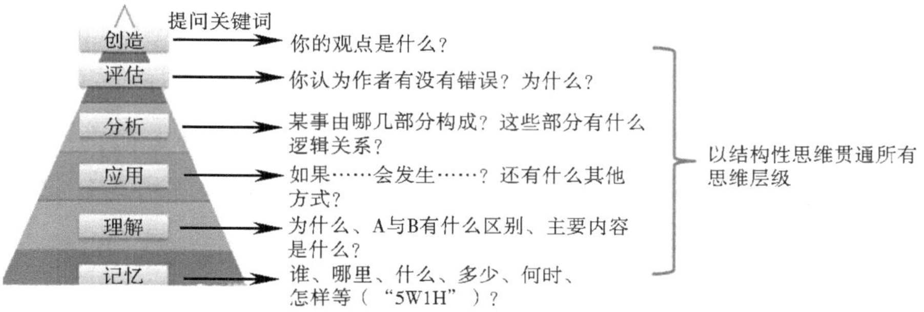

图3 基于布鲁姆认知模型的问题设计

四、专业课教学打造学生高层级思维能力的实践探索

我们以金融学院保险专业必修课年金保险为例说明以专业课教学为载体，打造学生思维能力的实践探索过程。讲课前，根据每次授课内容的特点设计体现不同思维层级的问题；课堂上，在引导学生解答的过程中，以结构性思维为主体整合相关知识点。在以结构性思维整合知识点时，运用一些成熟的结构性思维模型，帮助学生有效理解并学会分析应用所学知识点，提高学生未来进入职场后思考问题与解决问题的能力。在这一过程中，只要能够将专业知识以一定逻辑呈现，完全可以大胆突破教材章节安排。

（一）以结构性思维处理“理解”层级的专业课知识点

年金保险课程教材最后的章节，作为介绍性知识提出了人口老龄化和养老金缺口现象，而这部分内容恰恰是理解年金保险课程定位的基本前提。因此，我们将我国人口老龄化和养老金缺口现象安排在学期伊始讲授，并提出一个问题：我国为什么会出现养老金缺口压力？显然，这一问题属于“理解”层级的问题，帮助学生理解当今社会养老保障制度现象和年金保险课程的定位。

讲授过程分别采用宏观视角与微观视角来分析这个问题：宏观视角运用“PEST模型”分析养老金缺口现象产生的原因，即分别讲述基本养老保险的政治环境(politics)、经济环境(economy)、社会环境(society)和技术环境(technology),帮助学生认识到这些环境的合力使得养老金出现缺口压力;微观视角则运用个体的“生存风险分析框架”来分析养老金缺口现象产生的原因,这一分析框架是将教材内容整合归纳成三个不确定(寿命不确定、生活成本需求不确定、生活成本负担能力不确定),以这一递进逻辑分析推演从个人的三个不确定演化为整个社会的养老金缺口压力。这种讲授方式下,当面对“我国为什么会出现养老金缺口压力?”这样的问题时,学生不再仅凭直觉和简单常识(如人口老龄化)来回答,而是学会运用更为结构化、更为系统的方式来思考,从而更深入地理解这一现象及其产生的原因。

(二)以结构性思维处理“应用”层级的专业课知识点

在专业课教学中,总会有一些概念性内容需要理解和记忆。针对这些概念性内容,可以在讲授时设计“应用”思维层级的问题,促使学生思考如何将教材中偏理论的知识应用在实践中。

例如,年金保险课程有一个知识点是讲授年金保险产品的分类,仅分类方式就有十种,具体类别则多达几十种。如果仅仅逐个讲解这些分类方式或类别,学生会感到枯燥,因为这些内容理解起来难度不大,甚至通过网络自学也能理解。因此,我们先提出有一定难度的问题,并运用结构性思维来解决问题。提出的问题是:“学习年金保险产品的分类方式后,你自己可以自主设计什么产品?”这一问题显然属于“应用”思维层级的问题。在讲授过程中,着重提醒学生通过分类来辨别年金产品的关键点,首先做到从微观上理解每种分类方式和每种类别,其次以宏观视角归纳这些分类方式,引导他们认识到这些分类方式实际上可以理解为年金保险产品的设计思路,在设计产品时可以自由组合不同类别,从而形成不同功能的年金保险产品。这样引导学生将产品类别与产品设计思路结合起来,提高学生将理论知识点应用于实践的能力。

第二个例子是讲授年金保险合同的常用条款。教材中介绍了年金保险合同的18个常用条款,同样地,学生理解这些条款没有任何难度,如果教师仅仅满足于让学生听懂条款,那么对学生的思维无法形成任何挑战。此时,我们可以设计这样一个问题:“这些条款中哪些可用于避免退保损失?”显然,这个问题同样属于“应用”思维层级的问题。这时，学生的思维受到挑战，学习兴趣增加，教师在讲授过程中只需提醒学生注意每个条款的功能和退保的关联性，最后让学生自行归纳整理可用于避免退保损失的若干条款即可。

这种方式可以将教材中相对单调并易于理解的概念性内容进行结构化整理，并引导学生主动寻求将理论性知识加以实际应用的途径和方法，促进学生深度思考。

（三）以结构性思维处理“评估”层级的专业课知识点

在专业课教学过程中，还会有结合社会热点或政策热点来讲解的知识点，这类知识点是挑战学生“分析”“评估”层级思维的好机会，可以在讲授过程中提出相应问题，引导学生对政策热点及其背后的逻辑进行评判和思考。

例如，2018 年我国银保监会向社会发布《人身险保单贴现业务试点管理办法》（征求意见稿），这个法规可以与教材上年金保险的两个特征（不可赎回性和不可让渡性）相联系进行知识拓展。首先提出问题：“如何分析并评价该政策?”这一问题所涉及的思维层级有应用、分析、评估三个层级。在引导解答这个问题时，介绍思维模型“PMI 策略”（ The PMI Strategy），即判断一件事是否值得去做的时候，要先确立衡量标准 ，再看做这件事的好处在哪儿（plus）、问题在哪儿（minus）以及亮点在哪儿（interesting）。根据 PMI 策略分析该政策，可以清晰地看出，监管部门推出《人身险保单贴现业务试点管理办法》的初衷是赋予市场和消费者更多的灵活性和选择权（即衡量此事是否值得做的标准），下一步分析这一政策的利弊和亮点，引导学生得出结论：这一政策满足了衡量标准，该政策的推出具备若干有利之处，则监管部门只需致力于将不利方面控制在可控范围内，如果市场变化变得不可控，则收紧政策。通过运用结构性思维模型“PMI 策略”处理“评估”层级的专业课知识点，可以训练学生学习做决策的过程，并引导他们学会评价相关政策。

五、结语

有效思考很大程度上是习惯问题，而非智商问题。对教师而言，难的是教会如何思考；对学生而言，难的是学会如何思考。这是一个教学相长的过程，从教师提问到学生提问，到提出创新性的好问题，需要教师和学生在课堂与课外共同努力,培养内功。对学生未来起到更长期作用的能力恰恰是思维能力,因此高层次人才的培养除了讲授专业知识和技能,更需要大力加强对思维能力的培养。以专业课教学为载体,着力培养学生的思维能力,对大学生健康成长、职业发展以及适应社会均具有重大意义。

参考文献:

[1]洛林·W. 安德森,等. 分类学视野下的学与教及其测评/布卢姆教育目标分类学(修订版)[M]. 蒋小平,等译. 北京:外语教学与研究出版社,2009.

[2] VINCENT RYAN RUGGIERO. Beyond Feelings: A Guide to Critical Thinking[M]. 9th Edition. McGraw – Hill Education,2011.

[3]尼尔·布朗,斯图尔特·基利. 学会提问[M]. 10 版. 吴礼敬,译. 北京:机械工业出版社,2012.

[4]约翰·S. 布鲁贝克. 高等教育哲学[M]. 王承绪,等译. 杭州:浙江教育出版社,2001.

[5]大卫·帕尔菲曼. 高等教育何以为高?——牛津导师制教学反思[M]. 北京:北京大学出版社,2011.

学生视角的双轨制评教指标体系
——基于层次分析法和模糊综合评价法

徐　昕

摘　要:大学的本质在于教书育人,而教学的质量将影响学生对专业知识的掌握。如何评价教学效果是一个值得研究的重要问题。本文基于层次分析和模糊评价方法,从学生视角通过指标体系的构建定量评估老师的教学效果,避免传统方法的主观性。

关键词:学生视角,评教指标体系,双轨制

一、背景

随着高等教育的大众化,高校教学质量受到越来越多的关注,而衡量教学质量的重要指标之一就是大学生对教学的评价。随着高校学生教学评价指标的逐渐发展,已从衡量教学水平的辅助指标变成了重要指标,直接反映高校教师的教育水平。建立严谨科学的高校评教指标体系,可以提高高等教育水平。

(一)研究综述

我国评教指标体系建立较晚,初期多以向西方学习为主。现在我国已经形成了评教指标体系,但依旧有学者研究、借鉴国外评教指标体系。王红玲(2010)研究了美国密苏里大学哥伦比亚分校的评教指标体系,解释了该校指标体系建立的深层次影响因素。王洋(2011)研究了美国得州大学奥斯汀分校的评教指标体系,得出了评教指标体系设立应该侧重发展性教学的结论。此外,还有学者以国内已经设立的评教指标体系为研究对象,以期更加完善。梁静毅(2013)从多方面讨论了评教指标的选择问题。折文焕、赵忠(2015)以西北农林科技大学为样本基于层次分析法构建了以学生为出发点的评教指标体系。

作者简介:徐昕,首都经济贸易大学金融学院副教授。

夏晓旭等(2015)基于模糊综合评价法构建了利于学生的评教指标体系,相比传统方法更加系统全面。胡双丹等(2017)利用归纳演绎法筛选指标,利用层次分析法构建评价指标体系,最终利用相关性分析检验得出新评教指标体系效果比旧评教指标体系更好的结论。张萍等(2018)通过有效性分析得出在多个维度中应该从学生视角出发设计评价指标的结论。

综合上述文献发现,现阶段建立的评教指标体系有诸多特点,在指标筛选上更加侧重学生感受,即从学生视角出发利用归纳演绎筛选出评教指标。在评教指标体系上运用层次分析法得到各指标的权重,可避免传统方法的主观性。

(二)现阶段高校评教指标体系的缺点及其改进措施

目前我国的评教指标体系设置不够合理,主要体现在三个方面:①我国评教指标的选择多以教师为出发点,忽略了评教主体是学生的事实。评教主体的不明确使评教指标选择产生了偏差,最终导致评教结果产生问题。②国内许多评教指标体系中各个指标的权重值设置主观性过强,导致评教结果大同小异,无法突出评教对象的特点。③国内评教指标体系大多采取得分制,即最终得出一个评教分数,但评教分数易受异常样本和无效样本的影响,使评教结果产生偏差。

针对上述三个问题,本文拟采取相应的策略分别加以解决。首先,本文评教指标的选取从学生视角出发,采取归纳与演绎的方法筛选出全部指标,通过对学生进行调研并总结历史文献,综合得出评教指标。其次,本文采取层次分析法对指标权重进行计算,最终得到客观的评教指标权重。笔者采取问卷调查法,发放1 000份问卷,计算并得出评教指标权重。最后,本文创新性地提出评教结果双轨制,即利用模糊综合评价法计算出评教对象的评教结果区间,并利用评价分数法计算出评教结果分数。模糊综合评价法计算出的评教结果区间不受异常样本和无效样本的影响,但评教结果区间较为粗略,因此以评教分数弥补这一不足,评教结果区间和评教分数相辅相成,得到最终的评教结果。本文基于学生视角的归纳法与演绎法、层次分析法、模糊综合评价法以及传统的评价分数法,最终得到更加系统全面的评教指标体系。

二、方法理论介绍

（一）演绎法与归纳法

归纳演绎是形式逻辑和辩证逻辑共有的思维方式，是辩证思维的起点。归纳和演绎反映了人们认识事物的两条相反的思维途径，前者是从个别到一般的思维运动，后者是从一般到个别的思维运动。归纳推理是一种由个别到一般的推理，由一定程度的关于个别事物的观点过渡到范围较大的观点，由特殊具体的事例推导出一般原理、原则的解释方法。演绎推理是一种由一般到个别的推理，首先要正确掌握作为指导思想或依据的一般原理、原则；其次要全面了解所要研究的课题、问题的实际情况和特殊性；最后才能推导出一般原理用于特定事物的结论。

总而言之，这是两种相互区别而又相互联系的思维方法，构成一个不可分割的整体。首先，归纳与演绎相互联系、互为条件。一方面，没有归纳就没有演绎，归纳是演绎的基础，为演绎提供前提。另一方面，演绎要从一般推导出个别，作为演绎出发点的一般原则往往是先由归纳得出来的。其次，归纳和演绎相互补充、相互转化。归纳和演绎只有在如此周而复始的相互转化过程中，才能弥补各自的缺陷，充分发挥其在探索真理过程中的方法论作用。

因此，本文利用归纳与演绎的方法全面系统地分析并筛选评教指标，以获取最优的评教指标。

（二）层次分析法

20 世纪 70 年代初，美国运筹学家、匹兹堡大学教授萨蒂在为美国国防部研究“根据各个工业部门对国家福利的贡献大小而进行电力分配”课题时，提出一种层次权重决策分析方法，称为层次分析法。该方法可以量化评价指标，选择最优方法，因而被不断研究并用于各个社会科学分析领域。构建层次分析法模型的步骤如下：

1. 建立层次结构模型

层次结构模型主要包括目标层、准则层和指标层三层结构。本文将层次结构模型的目标层定为学生评教指标体系，准则层由 5 个一级指标构成，具体包括教师基本素质、教师教学内容、教师教学方法、教师教学效果、师生关系。在每一个一级指标下,又依次设立了若干个二级指标。二级指标设立在指标层中,共计16个。

2. 构建判断矩阵

基于上述的层次结构模型,对影响某因素的下一层各个因素的重要性做出判断。具体做法是:通过对这些因素两两对比确定重要性的得分,最终得出本文所需的判断矩阵,判断矩阵元素 a_{ij} 为要素 i 与要素 j 重要性比较结果。本模型按1~9标度法来为判断矩阵赋值,见表1。

表1　1~9　标度法

标度	含义
1	i,j 重要性相同
3	i 比 j 稍重要
5	i 比 j 明显重要
7	i 比 j 强烈重要
9	i 比 j 极端重要
2、4、6、8	上述判断的中间值
上述标度的倒数	j 对 i 的重要性之比

3. 检验判断矩阵的一致性

具体的一致性检验步骤如下:

首先,依次计算出判断矩阵的最大特征根 λ_{max} 及其对应的特征向量,利用最大特征根和判断矩阵阶数 n,计算一致性指标 CI,公式为:

$$CI = \frac{\lambda_{max} - n}{n - 1}$$

然后,查表获得平均随机一致性指标 RI。龚木森和许树柏计算了最高达15阶判断矩阵的平均随机一致性指标,表2列出了其中的1~6阶平均随机一致性指标。

表2 1～6阶平均随机一致性指标 RI

阶数	1	2	3	4	5	6
RI	0	0	0.52	0.89	1.12	1.26

最后，再根据公式 $CR = \frac{CI}{RI}$，计算一致性比例值 CR。当 CR 值小于0.1时，则可认为判断矩阵是一致的，即判断矩阵有效。

4. 计算各个层次的权重值

该步骤将依次计算目标层下准则层的相对权重和单一准则指标下各个元素的相对权重。对于某一判断矩阵，解出其最大特征根对应的特征向量，再进行标准化处理后得到指标的权重排序矩阵 δ（一级指标权重）、W_{ij}（二级指标权重，i 为一级指标的序号，j 为一级指标下二级指标的序号）。

5. 层次总排序

在层次单排序的基础上，计算指标层各因素相对于指标层的相对重要性权重。权重值为各指标相对于所属准则层的权重与所属准则层相对于目标层的权重之积。

（三）模糊综合评价法

模糊集合理论的概念由美国自动控制专家查德教授于1965年提出，用以表达事物的不确定性。模糊综合评价法是一种基于模糊数学的综合评价方法。该综合评价法根据模糊数学的隶属度理论把定性评价转化为定量评价，即用模糊数学对受到多种因素制约的事物或对象做出一个总体的评价。它具有结果清晰、系统性强的特点，能较好地解决模糊的、难以量化的问题，适合各种非确定性问题的解决。运用模糊综合评价法进行模糊评价的步骤如下：

(1)建立合适的隶属函数从而构建评价矩阵。本文将评教满意度取值区间分为从0到1五个部分，对应的风险评价集合隶属度函数可以表示为：

$$P = \{非常满意，满意，一般，不满意，非常不满意\}$$

$$P = \{[0.8,1],[0.6,0.8],[0.4,0.6],[0.2,0.4],[0,0.2]\}$$

$$P = \{Q_1, Q_2, Q_3, Q_4, Q_5\}$$

(2)采取投票的方式得到各个二级指标的隶属度并统计投票结果。对评价结果进行归一化处理,使同一个指标的各风险度之和为1。其中,上述单因素评价表中指标层各二级指标的评价矩阵为 T_i(i 为一级指标序号)。

(3)根据上节中层次分析法计算出的指标层二级指标权重排序矩阵 W_{ij} 与评价矩阵 T_i 计算得到该一级指标的主因素模糊矩阵 S_i,具体公式为:

$$S_i = T_i \times W_i$$

依据上述方法与公式,得出其他一级指标的主因素模糊矩阵 $S_1 \cdots S_i$,将各个主因素模糊矩阵结合得到所有准则层的 5×5 主因素模糊矩阵 S。最后将准则层的主因素模糊矩阵 S 和相应的准则层权重排序矩阵 δ 相结合得到评教的模糊评价隶属度矢量 ξ:

$$\xi = S \times \delta$$

基于最大隶属度原则可以发现,最大矢量 ξ 所对应的评价等级则是评教满意度的结果。隶属度矢量 ξ 中最大的值处于隶属度函数 P 中的{非常满意,满意,一般,不满意,非常不满意}哪一个位置上,就说明评教满意度在哪级上,最终得到评教满意度的结果。

三、评教指标体系构建

(一)基于演绎法与归纳法选取指标

本文的指标选取遵循以学生视角出发的原则,利用演绎法和归纳法最终筛选出评教指标。具体做法是:参考各高校的指标,利用演绎法与归纳法总结出40余个评教指标。以这40余个评教指标为初始指标进行接下来的筛选。

在上述基础上,本文组织学生、教师对指标进行筛选,选取他们认为重要的评教指标以建立评教指标体系,在筛选过程中控制学生的意见数量多于教师的意见数量,以贯彻从学生视角出发的思想。

筛选完成后,再进行适当的准则分类,最终选出评教指标体系的准则层和指标层,详见表3。

表 3　评教指标选取

目标层	准则层	指标层
学生评教指标体系 A	教师基本素质 B1	C1 教师仪表得体、精神饱满、语言表达能力强
		C2 教师教学态度端正，能公平对待学生
		C3 教师为人师表，师德水平和思想道德水平高
		C4 教师严格遵守教学纪律，准时上下课，不无故调课
	教师教学内容 B2	D1 教师充分备课，授课内容熟练、清晰
		D2 授课内容系统、全面、重点突出
		D3 授课注重理论与实务结合，不照本宣科
	教师教学方法 B3	E1 教学形式多样化，不拘泥于课堂授课
		E2 经常在课堂上下与学生互动，鼓励学生创新思想
		E3 课后的作业及测试结果及时反馈并答疑
		E4 板书规范美观，能熟练运用多媒体授课
	教师教学效果 B4	F1 学生认为所学课程对其是否有吸引力
		F2 学生是否充分理解并掌握该课程的知识内容、理论体系
		F3 学生能否利用所学内容解决实际问题
	师生关系 B5	G1 学生与老师关系融洽，相互尊重，共同学习
		G2 学生能与老师交流自身的想法并相互学习

由表 3 可知，该评教体系目标层为学生评教指标体系，该体系由准则层5 个一级指标与指标层 16 个二级指标构成。其中，准则层一级指标分别为教师基本素质、教师教学内容、教师教学方法、教师教学效果、师生关系。在评教指标选取完成后，就可以利用层次分析法确定各个指标的权重。

（二）基于层次分析法确定指标权重

本文判断矩阵的构建采取问卷调查的方法，发放 1 000 份问卷，有效收回 863 份问卷，回收率为 86. 3%。根据问卷调查结果采取投票制，即少数服从多数，根据综合结果进行问卷打分。具体判断矩阵见表 4 至表 9。

表 4　一级指标判断矩阵 A

A	B1	B2	B3	B4	B5
B1	1	0. 333	0. 125	0. 167	0. 25
B2	3	1	0. 333	0. 5	1
B3	8	3	1	1. 5	2

续表

B4	6	2	0. 667	1	2
B5	4	1	0. 5	0. 5	1

表 5　二级指标判断矩阵 B1

B1	C1	C2	C3	C4
C1	1	0. 125	0. 25	0. 5
C2	8	1	2	3
C3	4	0. 5	1	2
C4	2	0. 333	0. 5	1

表 6　二级指标判断矩阵 B2

B2	D1	D2	D3
D1	1	0. 333	0. 143
D2	3	1	0. 5
D3	7	2	1

表 7　二级指标判断矩阵 B3

B3	E1	E2	E3	E4
E1	1	3	8	5
E2	0. 333	1	3	2
E3	0. 125	0. 333	1	0. 5
E4	0. 2	0. 5	2	1

表 8　二级指标判断矩阵 B4

B4	F1	F2	F3
F1	1	4	3
F2	0. 25	1	1
F3	0. 333	1	1

表 9 二级指标判断矩阵 B5

B5	G1	G2
G1	1	3
G2	0.333	1

根据线性代数的相关计算方法，可以计算出一级指标判断矩阵 A 的最大特征根，进一步根据上述公式计算出一致性指标 CI，再查表得出 RI，从而最终计算出 $CR=0.0047<0.1$。表明一级指标判断矩阵 A 通过一致性检验，即判断矩阵 A 是有效的。同理，对 5 个二级指标判断矩阵进行一致性检验，以确定判断矩阵 B1 至 B5 的有效性。最终计算出二级指标判断矩阵 CR 值，如表 10 所示。

表 10 二级判断矩阵 *CR* 值

二级判断矩阵	*CR* 值	二级判断矩阵	*CR* 值
B1	0.003 73	B4	0.007 62
B2	0.002 25	B5	0.005 39
B3	0.003 98		

从表 10 可以看到，二级指标的判断矩阵 CR 值均小于 0.1，通过一致性检验，证明二级判断矩阵有效性良好。

通过一致性检验后，对每一个二级指标判断矩阵求其最大特征根对应的特征向量，再经过归一化得到指标对应的权重排序向量。经过计算，一级指标的权重排序向量 $\delta=(0.0448,0.1392,0.3768,0.2785,0.1607)$。向量 δ 中的每一元素均对应一级指标的权重。根据该权重排序向量可以看出，学生最看重教师的教学方法。

对二级指标计算出最大特征根对应的特征向量，归一化得到其对应的权重比。其中，教师基本素质 B1 的权重排序向量 $W_1=(0.0684,0.5105,0.2737,0.1474)$，可以看到“教师教学态度端正，能公平对待学生”是最受学生关注的指标。教师教学内容 B2 的权重排序向量 $W_2=(0.0925,0.2922,0.6152)$，可以看到权重最大的是“授课注重理论与实务结合，不照本宣科”指标。教师教学方法

B3 的权重排序向量 W_3 =(0. 596 3,0. 214 4,0. 068 5,0. 120 7),可以看到权重最大的是“教学形式多样化,不拘泥于课堂授课”指标。教师教学效果 B4 的权重排序向量 W_4 =(0. 633 8,0. 174 4,0. 191 9),其中权重最大的是“学生认为所学课程对其是否有吸引力”指标。师生关系 B5 的权重排序向量 W_5 =(0. 75,0. 25),其中权重最大的是“学生与老师关系融洽,相互尊重,共同学习”指标。

从上述权重排序向量中可以看到,学生更加注重自身的课堂教育感受(即教师教学效果)以及教师教学水平。由于各指标的权重排序向量计算已经完成,因此将一级指标权重排序向量与二级指标权重排序向量结合即可得到总权重排序向量。

(三)基于模糊综合评价法和评价分数法的评教指标体系

首先,通过发放问卷进行单因素评价调查,该单因素评价调查表如表 11 所示。

表 11　单因素评价调查表

一级指标	二级指标	总权重	评价结果				
			Q_1	Q_2	Q_3	Q_4	Q_5
B1	C1	0. 003 06					
	C2	0. 022 87					
	C3	0. 012 26					
	C4	0. 006 60					
B2	D1	0. 012 88					
	D2	0. 040 68					
	D3	0. 085 65					
B3	E1	0. 022 47					
	E2	0. 080 80					
	E3	0. 025 82					
	E4	0. 045 50					
B4	F1	0. 176 51					
	F2	0. 048 57					
	F3	0. 053 44					

续表

一级指标	二级指标	总权重	评价结果				
			Q_1	Q_2	Q_3	Q_4	Q_5
B5	G1	0.120 52					
	G2	0.040 15					

其次，根据单因素评价表中各一级指标的评价矩阵与该一级指标权重排序向量结合，可以得到各一级指标的主因素模糊矩阵。将各一级指标的主因素模糊矩阵结合得到准则层的主因素模糊矩阵，将之与准则层的权重排序向量结合得到模糊评价隶属度矢量，最终得到学生的评教结果区间。由于该区间取决于模糊评价隶属度矢量中最大的元素，因此该方法可以有效地避免学生评教产生的异常样本和无效样本。

最后，根据传统的评价分数法为学生评教时选择的每一个选项进行赋值，并按照上述指标的总权重进行加权平均，得到每位学生的评教结果，再将每位学生的评教结果进行简单加权平均，得到最后的评教结果。传统的评价分数法虽然能精准地计算出评教结果，但容易被异常样本和无效样本影响。

本文提出的评教结果双轨制，既采用模糊综合评价法得到评教结果区间，又采用传统的评价分数法得到评教结果分数，两项结果指标相互支撑，构建出更加合理完善的评教指标体系。

四、结论

本文选择学生视角作为构建评教指标体系的核心，利用归纳与演绎法筛选最优的评教指标，在筛选出指标后运用层次分析法建立评教指标体系并计算出各指标的权重值。然后，利用评教指标体系生成评教结果，创新性地采取模糊综合评价法与评价分数法结合的方式，以学生评教结果区间与学生评教分数两项指标共同作为结果。本文运用多种思想和方法，从指标选取到评教结果，系统全面地创建出一种新的评教指标体系。

相比于其他评教指标体系，本文的新评教指标体系更加合理，主要体现在以下几个方面：①新评教指标体系更加注重从学生角度出发，让评教结果更具有客观性,使学生更符合评教主体的角色。②新评教指标体系重视应用型教育,即理论与实际结合。③新评教指标体系将学生重视教育环境、方式与师生关系的特点表现了出来,更加符合现实情况。④新评教指标体系全面地考察了教师的素质和课前准备、课后答疑等因素,这些因素会对学生学习情况产生巨大影响。

综上所述,新评教指标体系可以更加全面、系统、合理地考察教师的水平,师生反馈情况良好。

但本文的新评教指标体系仍有不足之处。首先,双结果指标的设置使指标体系的实际运行复杂程度大幅上升;其次,未经过实证检验。这也是笔者下一步研究的主要方向。

新评教指标体系虽然复杂度有所上升,但让评教更加全面、系统、合理,随着大数据技术的快速发展,未来评教指标体系复杂化可能是一种趋势。因此,本文的新评教指标体系不仅为高校教学质量监控提供了保障,同时也有利于提高教师的教学水平,推动我国高等教育的高质量发展。

参考文献:

[1]谢爱爱,王炫,李明钰,等. 财经类应用性本科院校学评教指标体系的构建[J]. 现代经济信息,2016(3):447.

[2]王红玲. 美国高校学评教制度的特色及启示:以密苏里大学哥伦比亚分校的实践为样本[J]. 浙江工业大学学报(社会科学版),2010(9):264 -268.

[3]王洋. 解析美国大学学生评教表的指标体系:以得州大学奥斯汀分校为例[J]. 高教发展与评估,2011(3):54 -59.

[4]梁静毅. 高校学生评教指标研究[D]. 石家庄:河北师范大学,2013:2 -29.

[5]折文焕,赵忠. 以学生为主体的评教指标体系的构建:基于西北农林科技大学样本调查的分析[J]. 教育教学管理,2015(3):64 -67.

[6]夏晓旭,黄健全. 构建基于模糊综合评判模型的多维学生评教指标体系[J]. 创新与创业教育,2015,6(4):16 -20.

[7]胡双丹,赵舒颖. 基于学生主体视角的高校学生评教指标体系构建[J]. 文

教空间,2017(5):108－110.

[8]张萍,范晓峰,耿春明,等. 影响高校学生评教有效性因素分析及对策研究[J]. 齐齐哈尔大学学报,2018(3):180－181.

[9]范立刚. 大学课堂教学的缺失:基于学生网上评教的视角[J]. 教育教法探讨与实践,2018(3):216－217.

[10]高月勤,胡昌送,刘婷. 高职学生评教指标内容设计存在的问题及对策研究:以广东交通职业技术学院为例[J]. 太原城市职业技术学院学报,2018(3):98－100.

[11]辛建军. 层次分析法在学生评教体系中的应用[J]. 信息与电脑,2017(24):235－237.

[12]杨雯雯,李庆春. 层次分析法与模糊综合评价法在高校学生评教问题中的应用[J]. 白城师范学院学报,2017(10):34－37.

[13]陈妍. 浅析演绎逻辑和归纳逻辑的关系[J]. 文化综合,2017(10):238－239.

[14]虞文美,曹强. 基于AHP模型的教学效果模糊评价[J]. 阴山学刊(自然科学版),2018(1):8－10.

[15]张晶,范允龙,刘海霞. 基于多级模糊评价模型的学生评教方法研究[J]. 教育教学论坛,2015(8):223－224.

[16]陈婵娟,刘智勇. 完善研究型大学“学生评教”指标体系的探索:基于南京农业大学问卷调查的分析[J]. 教育教学论坛,2018(4):37－39.

[17]郭娟. 基于数据分析的高校学生评教实证研究:以南京林业大学为例[J]. 中国林业教育,2018(36):1－4.

[18]彭晗,上官林建,刘小龙.“互联网＋”时代新型混合教学模式的模糊评价探讨[J]. 教改探索,2018(36):121－124.

衍生金融工具课程混合式教学的探索与实践

杨　阳

摘　要:随着信息技术的发展,高等院校课程教学模式也出现了多样化的态势,特别是2020年突如其来的新冠肺炎疫情对课程建设提出了新的要求。在线学习课程存在学生和老师沟通难的问题,新冠肺炎疫情的常态化防控推动了混合式教学的进程。混合式教学的实施,可以提高教学效率,有效保障教学质量,提高学生学习的兴趣和自觉性。本文探讨了在新冠肺炎疫情影响下以基于学习产出的教育模式(Outcomes - based Education,OBE)教学理念为基础的衍生金融工具课程混合式教学的主要思路,以实现理论与实务并重、培养学生创新思维和应用操作技能的目的。

关键词:衍生金融工具,混合式教学,在线课程

一、衍生金融工具课程开展混合式教学的重要性

金融学是研究金融学中的现象和本质规律性的学科,而金融工程借助于计算机手段、金融模型来解决金融问题,综合性、实践性更强。金融工程学科的价值在于综合采用各种自然科学和工程技术的方法(信息处理和人工智能等方面的技术),创造出各种有价值的产品和服务,并提出为设计、开发和实施这些产品和服务所需要的技术方法。近年来,随着中国金融市场的发展,人工智能等前沿技术开始应用于金融领域,为行业发展打开了新的天地——金融创新发展环境进一步优化,股指期货、国债期货、ETF 期权、利率互换等创新衍生工具持续推出,为投资者提供了丰富的避险和套利工具。但目前国内熟练运用衍生金融工具的人才队伍还相对缺乏,影响了机构投资者金融创新的发展步伐。

作者简介:杨阳,博士,首都经济贸易大学金融学院讲师,FRM 持证人;主要研究领域:资产定价、家庭金融以及金融风险等。

目前国内开设衍生金融工具课程的高等院校比较多,各有特色,课程内容和教学形式也在不断发展和变化。首先,衍生金融工具课程提出了混合式教学的需求,教学内容不再局限于理论和案例的简单描绘,而是越来越重视量化分析和工具的应用。近些年笔者在衍生金融工具的教学中,尝试运用线上线下资源,如通过进入虚拟期货和期权市场,让学生从事相关模拟交易,通过与交易所同步的模拟交易,使学生把理论与实践紧密结合起来,进而掌握市场信息,熟悉市场环境,提高投资判断能力。其次,衍生金融工具属于交叉性学科,其不仅涉及金融学、经济学理论知识,还融入了数学、计算机技术与应用等基础知识。课程的学习需要运用多学科综合知识,课程体系设计也要多门课程衔接、支持与配合。课程知识繁杂,需要线上、线下教学资源互相配合,以实现教学目的,完成教学任务。

二、衍生金融工具教学中混合式教学模式的主要思路

混合式教学的一般做法是采用多种教学方法或教学模式完成教学活动。衍生金融工具作为一种应用性和实践性极强的学科,OBE 教学理念非常适合课程的教学。对于衍生金融工具中的远期、期货、互换以及期权的定价、套利、风险管理的理解,需要学生具备立体的感性认识和投资意识。单纯地讲解这些知识点学生很难在短期内掌握,应用就更加困难,而信息技术的发展使模拟教学成为现实。

以 OBE 教学理念为基础的混合式教学模式可以充分发挥线上学习、面对面课堂各自的优势,调动学生学习的积极性,培养学生实际分析、解决金融问题,利用金融工具的能力。由于混合式教学模式可以将人工智能引入教学过程,无论是线上学习还是面对面课堂都可利用人工智能的优势,实时了解学生的掌握情况,提高学生参与度,提升教学质量,培养学生的综合素质。与此同时,采用混合式教学模式教学过程中还需要解决好以下几个问题:

(一)为更好地采用混合式教学模式,教师要对课程知识进行全面的整理和筛选

衍生金融工具属于交叉性学科,混合式教学需要一整套衔接配合的在线资源,打破课程之间的壁垒,强化课程之间的联系。中国大学 MOCC 网站以及

Coursear 等在线学习平台上都有不少相关资源可以参考利用。这需要组成课程开发团队来进行课程资源的开发、整理,并使知识呈现多样化,便于学生选择,使用混合式教学模式顺利开展。

(二)根据教学进度和理论知识的结构,确定混合式教学的实施主线

线下的教学活动以主导学生思维养成为主,线上教学活动集中于基础知识的学习和网络模拟实验,充分发挥多渠道、多场景、多任务环节的作用,多方位培养学生的实践操作能力。同时,教师也需要合理拆分知识点并设计实验教学方案,使大部分学生都能完成任务。实验课后要完成实验报告,追踪投资历史记录,教师通过点评、检查等方法对学生学习和实验过程进行监督,进一步激发学生学习理论知识的积极性和兴趣。

(三)学生自学的习惯和能力决定了混合式教学模式的教学效果

全面开展混合式教学模式的教学,需要系统地培养学生的自主学习能力和习惯,鼓励学生充分利用各种媒介或平台相互交流。这需要教师对线上学习及时跟进并指导、监控、记录,将自主学习的效果作为课程考核指标之一。要做好线上授课学生表现的记录,并及时收集学习过程资料,以便对学生的表现及学习力和创造力进行客观评价。这样的学习环境能较大幅度地提高学生的参与度,激励学生相互竞争,提高学习效率。

(四)加强案例分析和模拟实验教学的比重,真正落实 OBE 教学理念

教师可以考虑设计以下模拟实验:

1. 套利交易模拟实验

通过讲解无风险套利原理,让学生模拟套利交易操作整个环节和步骤,了解证券交易的基本操作流程和套利的关键环节,掌握交易过程中所产生的成本和现金流情况,比如以股指期货、国债期货、50ETF 期权为标的设计套利模拟交易过程。

2. 套期保值模拟交易试验

以股票、债券为例,建立现货市场和期货市场的连接,设计套保交易过程,可以让学生了解如何计算套保比率和所需套保的合约份数,以及合约及合约头寸方向的选择。

3. 产品设计,设计创新产品与解决方案的实验

不同基础性证券(如股票、债券、基金等)和衍生证券可以构造和组合多种金融产品,可以让学生根据资金量的大小设计并配置相应的投资组合,提高证券组合管理和风险控制能力,实现理论联系实际,培养学生适应未来就业市场需要的综合能力。

三、结论

在新冠肺炎疫情常态化防控背景下,线上和线下教学的有机融合已成趋势。衍生金融工具课程作为一门实践性较强的课程,以培养学生的应用能力为目标,努力提高学生的实践操作能力。本文探讨了在新冠肺炎疫情影响下以OBE教学理念为基础的衍生金融工具课程实施混合式教学的主要思路,旨在充分发挥线上学习、面对面课堂各自的优势,调动学生学习的积极性,实现教与学的良性互动。

参考文献:

[1]洪铁松,奚欢.本科生金融工程实验教学内容框架设计探讨[J].高教学刊,2015(21).

[2]李志生.财经院校金融工程教学的实践与思考[J].中国农业银行武汉培训学院学报,2017(5).

[3]罗映红.高校混合式教学模式构建与实践探索[J].高教探索,2019(12).

人工智能背景下的教育变革

张　萍

摘　要:在人工智能背景下,新技术的不断涌现及使用使得传统教育发生了深刻的变革。为了把握机遇,迎接挑战,当务之急是促使教育与人工智能深度融合,让人工智能技术为教育服务。本文研究了人工智能在教育领域的应用、人工智能背景下学习变革和人工智能背景下的课程与教学范式的转变等。人工智能技术在教育领域的应用包括智能化的基础设施、智能化的学习过程支持、智能化的评价手段、智能化的教师辅助手段和智能化的教育管理五个方面。深度学习、个性化学习、自适应学习、人机协同学习将成为人工智能背景下重要的学习方式。传统教学的教学目标、教学内容、教学形式、教学评价等将面临全方位的深刻变革。

关键词:人工智能,深度学习,教学范式转变,教育变革

一、引言

科技发展势必引发教育领域的深刻变革,能否运用信息技术实现教育系统的结构性调整成为未来教育发展的关键。在人工智能背景下,新技术的不断涌现及使用使得传统教育发生了深刻的变革,旧的人才培养方式显然已难以适应新的社会发展需要,更是难以满足人工智能时代的人才需求。以往的教育多关注对学生硬技能和科学知识的培养,现在这些硬技能很容易被自动化所替代。为了更好地把握人工智能时代的机遇,迎接挑战,当务之急是促使教育与人工智能深度融合,让人工智能技术为教育服务。教育应该变被动为主动,推动人才培养方式、课程、教学等的系统变革,主动适应人工智能时代的需求。在

作者简介:张萍,博士,首都经济贸易大学金融学院讲师(CFA 持证人)、CPA 非执业会员;主要研究领域:金融计量、公司金融、资本市场、人工智能等。

人工智能时代，面向大规模的学习者群体，建立促进个性发展的教育体系，是教育发展的基本趋势。每一位学生在其原有的基础上获得适合自己的教育服务是未来教育应该追求的价值之一。在人工智能背景下，教育要关注人机结合的制度体系与思维体系，我们要善于运用人机结合的思维方式，使教育既可实现大规模覆盖，又与个人能力相匹配实现个性化发展。教育要关注核心素养的培养，致力于培养面向人工智能时代的创新人才，引导学习者在学习和工作中发展关键能力与核心素养，发挥创造力而不仅是记忆知识，以适应时代的发展。在教育中应用人工智能，应借鉴吸收科学领域的最新研究成果，在科学全面了解学习过程的基础上，建立更准确的学习模型，实现更人性化的教育。未来教育应是人本教育，为学生一生的幸福和成长奠基。教师将更多的时间和精力投向关心学生心灵、精神和幸福，与学生平等互动，实施人本化教学，使学生更具创造力。

二、人工智能在教育领域的应用

（一）现状

目前，人工智能技术在教育领域的应用尚处在初始阶段，距离真正的教育变革还有很长的路要走：①在智能技术层面上，人工智能教育技术尚未成熟，还存在许多亟待破解的教育难题，目前市场上的很多“智能”产品仍不够智能，学习数据稀疏，学习模型以偏概全等。②在应用领域，人工智能技术与教育的结合还不够紧密，目前大多数产品仅关注自适应学习领域，对学生成长、综合能力发展、身心健康等方面关注较少。③数据是人工智能的“养料”，教育人工智能的关键在数据。目前不同教育系统、平台间的数据没有开放和共享，“信息孤岛”现象严重，学生学习全过程的数据难以采集，而没有数据就没有智能。④在智能决策层面上，单一的智能算法无法适应复杂多变的教育场景，存在以偏概全的风险。这需要多个智能系统联合决策，加强人工干预，并实现人机联合决策。⑤人工智能的价值认识目前存在两极化，一方面对人工智能全盘肯定、在教育应用过程中“唯人工智能”，另一方面对其全盘否定、对人工智能的益处视而不见。对于人工智能的教育应用，应强调人机协同，不高估，也不忽视。

(二)应用

人工智能技术在教育领域的应用包括智能化的基础设施、智能化的学习过程支持、智能化的评价手段、智能化的教师辅助手段和智能化的教育管理五个方面。

1. 智能化的基础设施

利用普适计算技术实现物理空间和虚拟空间的融合,以人工智能技术作为智能引擎,建立支持多样化学习需求的智能感知能力和服务能力,实现以泛在性、社会性、情境性、适应性、连接性等为核心特征的泛在学习。

2. 智能化的学习过程支持

在各类人工智能技术的支持下,构建认知模型、知识模型、情境模型,并在此基础上针对学习过程中的各类场景进行智能化支持,形成诸如智能学科工具、智能机器人学伴与玩具、特殊教育智能助手等学习过程中的支持工具,从而实现学习者和学习服务的交流、整合、重构、协作、探究和分享。

3. 智能化的评价手段

人工智能技术不仅可在试题生成、自动批阅、学习问题诊断等方面发挥重要的评价作用,更重要的是可以对学习者学习过程中知识、身体、心理状态进行诊断和反馈,在学生综合素质评价中发挥不可替代的作用,如学生问题解决能力的智能评价、心理健康检测与预警、体质健康检测与发展性评估、学生成长与发展规划等。

4. 智能化的教师辅助手段

人工智能替代教师完成日常工作中重复、单调、规律性的工作,可缓解教师各方面的工作压力,成为教师的得力助理。人工智能技术还可以帮助教师处理复杂的事项,为学生提供个性化、精准的支持,大幅度提升知识传授效率,让教师有更多的时间与精力来关注每个学生身心的全面发展。

5. 智能化的教育管理

收集和分析大数据,建立智能化的管理手段,可以形成管理者与人工智能协同即人机协同的决策模式,洞察教育系统运行过程中的问题本质与发展趋势,实现更高效的资源配置,提升教育质量并促进教育公平。

（三）对策

2017 年 7 月，国务院印发《新一代人工智能发展规划》，强调人工智能在经济发展、民生改善、国际竞争等方面的重要性。我们应当利用智能技术加快推动人才培养模式、教学方法改革，构建包含智能学习、交互式学习在内的新型教育体系。2018 年 4 月，教育部制定和发布了《高等学校人工智能创新行动计划》，指出加快人工智能在教育领域的创新应用，利用智能技术支撑人才培养模式的创新、教学方法的改革、教育治理能力的提升，构建智能化、网络化、个性化、终身化的教育体系，是推进教育均衡发展、促进教育公平、提高教育质量的重要手段，是实现教育现代化不可或缺的动力和支撑。2018 年 4 月，教育部印发《教育信息化 2.0 行动计划》指出，要建成“互联网 + 教育”大平台，推动从教育专用资源向教育大资源转变、从提升师生信息技术应用能力向全面提升其信息素养转变、从融合应用向创新发展转变，努力构建“互联网 + ”条件下的人才培养新模式，发展基于互联网的教育服务新模式，探索信息时代教育治理新模式。这标志着中国人工智能已上升至国家战略高度，人工智能与教育融合大幕已开启。

要想更好地推进人工智能技术在教育领域的应用：①需要实现数据汇聚，消除数据壁垒，建立合理使用数据的制度与政策体系，促进数据的流通与流转，在保护学生和家长隐私的前提下，合理、平衡利用数据来发展教育智能。②要关注多元应用场景，避免人工智能下的应试教育，改变以“讲、测、考、练”为核心的人工智能教育应用现状。人工智能要在降低教师教学负担、学生学习负担，促进学生德智体美劳全面发展等方面起到更加积极的作用。③要进行跨学科研究。单一技术创新无法有效推进“人工智能 + 教育”的变革，要积极推进教育学、信息科学、心理学、体育学、管理科学等多学科的协同，国家设置相应重大攻关项目引导，促进多领域、多学科的交流与创新。④要开放平台和服务。大型企业和研究机构要多开发开源人工智能组件库和算法库，提供人工智能开放云服务，对中小型企业开放其计算能力，实现人工智能服务人人可用，打造智能教育服务生态。⑤要推广智能教育试验示范。开展人工智能教育示范区建设，推动规模化应用，探索人工智能破解教育难题的路径，寻求能够有效提升教育质量的途径,形成“人工智能+教育”的制度体系。

三、人工智能背景下的学习变革

在人工智能背景下,学习变革主要表现为深度学习、个性化学习、自适应学习和人机协同学习。

(一)深度学习

深度学习本质上是机器学习的一种,它是一种以人工神经网络为架构,对数据进行表征学习的算法,是计算机科学、神经科学以及脑认知科学等领域的重要概念。在深度学习所表现出来的强大功能的驱动下,将其原理迁移到人类学习当中,形成了认知取向的深度学习理论,并被视为一种包含主动和高水平认知加工的学习方式或是一种学生积极参与和高度投入的学习过程。深度学习要求学习者以一种主动的、积极的方式加工信息,批判性地吸收和理解学习内容,促使学习者的认知结构发生深层次的变革,从而能够适应未来更为复杂的挑战。

(二)个性化学习

传统的教育难以平衡每个学习者多元化的发展需求,而个性化学习的发展打破了传统教育的藩篱,其尊重学习者的个性化差异,注重学习者个性的发展和自主学习能力的养成。在人工智能技术的推动下,基于学习者的数字画像,可以为学习者量身定制差异化的学习服务。人工智能背景下的个性化学习能够根据学习者的需求及时地推送学习内容,能够按照学习者的能力和认知风格合理地选择学习策略、制定学习路径,能够灵活地依据学习者的知识和能力掌握程度评价学习结果。

(三)自适应学习

自适应学习是一种教育技术,它通过自动地为学生提供个性化的反馈和支持来实时响应学生的学习需求。自适应学习包括基于知识和学习目标特征的自适应、基于学习风格的自适应、基于认知能力的自适应、基于情感状态的自适应、基于情境和环境的自适应以及混合式自适应。自适应学习是一个动态的过程,它能够根据学生的不同需求灵活地调整教学策略、教学进程,动态地诊断和评估学生的特定学习需求,为不同需求的学生提供不同的教学。

(四)人机协同学习

人机协同学习即人脑与智能机器的深度融合,可视为计算机支持下的协作学习的一项深度探索,是一种新的学习模式。它充分发挥了人与机器各自的优势,实现了人与智能机器的相互协作、优势互补。其并非只关注人对智能机器的使用,其出发点在于促进人与智能机器的融合, 或者说实现人类智慧与人工智能的完美结合。人机协同可以看作人机交互的进一步深化,当人脑与机器真正实现融合的时候,将产生最优的学习效果。

四、人工智能背景下的课程范式与教学范式转变

(一)课程范式转变

课程范式大致可分为技术性范式、实用性范式和批判性范式。随着人工智能和教育科技的发展,课程的发展易陷入目标成效的极端和课程过分注重工具理性的陷阱。技术性范式主要表现在对技术的热衷与青睐,强调用技术严格控制课程开发过程中的各个要素。从效果来看,技术性范式能够在较短时间内获得显而易见的成果。然而,技术性范式注重以科学程序、客观化、量化与程序化来设定课程发展的整个过程,对于这种科技理性与价值无涉的课程哲学观,如果把握不当,容易导致人们只关注技术本身而忽视了课程本身的内在价值。当前,已经有越来越多的新技术出现在教室、课堂以及学生的学习当中,并在优化教师教学、提升学生学习质量方面产生积极的影响。然而,如何实现技术与课程的深度融合,如何正确评估技术的使用效果,如何真正地把握技术的限度并促使其为课程、教学和学生学习服务,在技术性范式取向之下,这始终是亟待破解的难题。就学生全面发展和迈向核心素养培养的观点而言,课程范式宜加强实用性和批判性取向元素的融合和互动,强调师生对话和知识建构,并注重人本教育、德育、生命教育的发展。

在人工智能背景下,课程也呈现出了许多新的样态。

首先,在课程取向上,注重不同学科之间的交叉和融合。课程设计也更加注重学科内和跨学科的核心概念,以及跨学科的教学和学习方式。在此之前,不同的学科之间具有明显的学科壁垒,交叉不明显,融合不深入,每种学科都强调自身学科教学知识。而在人工智能时代,社会所需的是具备创造精神和实践

能力的复合型人才,单一的知识和能力结构已难以适应社会多元的发展需求。随着人工智能技术向各个领域的不断渗透,现有课程也开始逐渐重视基于整合技术的学科教学知识和人工智能素养培养,以期通过技术来实现学科之间的有机交叉和深度融合。

其次,在课程形态上,经历了由静态、纸质、单一性到动态、在线和网络化的转变。传统课程更趋向于静态,一般而言,无论是哪种课程,通过一定的程序开发出来之后,都会经历较长的一段时间才能够再次修订、完善和补充,且课程多以纸质资源的形式呈现,如教科书、参考资料等。这种静态的、纸质的课程具有相对的独立性和单一性,很难与其他课程资源发生联系,课程的访问途径也往往受到课程载体的制约。而在人工智能时代,课程是开放的,是一种动态的建构过程。在机器学习和深度学习技术的支撑下,课程实现了自我发展与更新,能够及时纳入新的知识内容,并按照一定的规则和程序实现课程整合。课程以在线的形式存在,这种在线的方式使得课程的访问变得十分灵活和开放,课程的分享与传播可在瞬间完成,极大提高了课程的访问效率。同时,在线的方式使得所有的课程资源之间发生了联结,课程不再处于一种孤立的状态,课程与课程之间建立起了一种相互联结的网络。

最后,在课程内容上,从固定、统一、有限转向了私人定制、无限和开放。在已有的学校制度和班级授课制的脉络下,课程内容属于标准化工序的组成部分,所有学生都按照统一的顺序接受同样的课程内容,且这种课程内容本身具有一定的封闭性,只局限于所选取的课程资源本身。而随着人工智能技术的出现,人工智能可以自动获取、加工和处理信息,对不同知识进行整合,把有关内容按照课程编制的要求方式呈现出来。同时,借由人工智能技术,课程内容的呈现方式不再局限于某个单一的载体本身,课程广泛地存在于云端和整个网络之中,学生能够灵活地访问相关的课程内容。这些课程内容不再是统一提供的,而是根据每个学习者的已有知识掌握程度、兴趣、理解力、学习目标、学习进度等特点呈现的,其根本目的在于为更好地适应和满足学习者的个性化发展而服务,因此课程内容具有较强的“私人定制”的属性。此外,这些课程内容也具有无限和开放的特质,学习者根据需要可以随时随地提取,无限循环访问,能够及时满足学习者的个性化需求。

（二）教学范式转变

在人工智能背景下，传统的教学面临着深刻的变革。其可以从教学目标、教学内容、教学形式、教学评价等方面系统性地理解（见图1）。

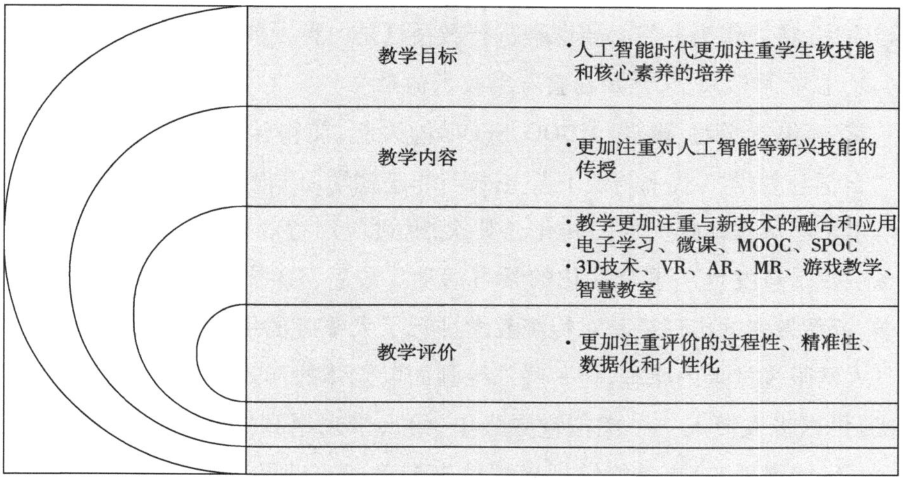

图1　人工智能背景下的教学范式转变

1. 在教学目标上，人工智能时代更加注重学生软技能和核心素养的培养

如果说硬技能是与特定的学习任务、领域、专业相关的技能（如计算机操作、平面设计等），具有易于观察和量化等特征，那么软技能则是一种隐性的、普遍的、能够迁移到所有职业、所有场合的能力（如人的创造力、批判性思维、沟通能力、合作能力、时间管理能力、情商、自制力、同理心、关怀等）。在人工智能背景下，硬技能往往很容易被替代（如一些重复性的、通过反复练习而获得的操作技能等），而软技能则难以被模仿和超越，即使当前最先进的人工智能技术也难以理解人类的复杂情感。软技能多体现在一些核心素养上，从当前世界各国对核心素养的内涵理解来看，学生的核心素养集中指向了软技能方面，如创造力、批判性思维、沟通合作等。可见，在人工智能背景下，教学将更加关注人类本身的特有属性以及学习本身的重要性，一些属于人类生命体所独有的特征品质将

受到重视。

2. 在教学内容上,更加注重对人工智能等新兴技术的传授

在以往的课标中,人工智能并非必修的科目和学习内容,其主要定位在学生的了解和体验上,偏重于情感和价值观上的教育,与信息技术的其他课程模块相比,人工智能模块的教学关注度仍显不足。而随着人工智能技术的不断发展与应用,将之作为一门必要课程进行教授已是一种发展趋势。

3. 在教学形式上,更加注重与新技术的融合

首先,电子学习、微课、MOOC、SPOC 的兴起,使得传统教学方式发生了变革,"自学与教学""线上与线下""正式与非正式学习"很好地结合了起来,有利于学生学习从被动到主动的转化。其次,通过应用智能导学系统,学生可以按照系统提示自发地从事个性化的学习活动。最后,3D 技术、VR、AR、MR、游戏教学、智慧教室的出现更是对传统教学进行了大幅度的优化和补充。3D 技术,通过人两眼视觉差的原理,将一些二维画面以立体的形式呈现出来。VR(虚拟现实)可以将人带入一个虚拟世界当中,给人带来逼真的视觉、听觉等感官感受。AR(增强现实)更是能够把虚拟信息带入现实世界当中,实现了虚拟场景与现实世界的有机结合。MR(混合现实)是一种真实 + 虚拟 + 数字化信息的结合,通过 MR 能够产生新的可视化环境。上述技术使教学效率得到了显著的提升,一些传统方式难以实现的教学可在 VR、AR、MR 等媒介技术的帮助下得以实现。比如,通过 VR 学生可以实现"时空穿越",可以了解恐龙时期的自然地貌,可以感受古代文明的兴盛与衰落。通过 AR,学生可以看到桥梁的内部构造、汽车的内部参数、青蛙的内部组织,甚至是人内部的心理、生理活动等。随着真实世界和虚拟世界的不断融合,在虚拟世界中学到的知识可以在真实世界中解决问题,甚至不需要迁移。新的教学方式使得诸多传统难题变成了可能。

4. 在教学评价上,更加注重评价的过程性、精准性、数据化和个性化

以往的评价多以终结性的评价为主,通常采用纸笔测验的方式进行,这种评价方式具有简单、直接、易操作等优势,主要在教师主导下完成。这种评价方式多以结果为导向,容易导致重结果而轻过程。同时,以往的评价多以分科、主题的方式进行划分,考察的往往是学习者对某一学科或某一方面的掌握程度,

而较少顾及学习者的整体发展,评价的结果有一定的局限性,难以反映学习者真实的发展情况。更重要的是,这种评价多以一种统一的评价标准、评价工具来进行,既带有一定的主观性,又忽视了学习者的个性化差异。而在人工智能背景下,教学评价更加灵活,注重评价的过程性、精准性和个性化。例如,利用人工智能和大数据分析技术,可以随时随地采集学习者多样化的数据,记录学习者的所有在线学习行为,通过图像识别技术、自然语言处理、智能语音交互等人工智能技术,可以实现评价的智能化:一方面及时地了解学习者的学习情况,实时跟进并提供有针对性的指导;另一方面基于海量的学习者行为数据,可以绘制学习者的数字肖像,并以可视化的方式全面呈现学习者的学习过程和结果,有利于提供精准化的反馈和个性化的评估。

五、结论

人工智能技术的出现,使得传统的教育面临着系统性变革,同时也赋予课程、教学以新的活力:一方面打破了学习的边界,实现了现实世界与虚拟世界的有机融合,增强了学习者的学习兴趣和学习体验;另一方面为教师教学提供了极大的便利,一些传统方式难以实现的教学,在人工智能的帮助下可以恰当的方式呈现给学习者,极大提高了教学效率。总而言之,人工智能作为一种新兴的技术,将在未来社会大放异彩,同时也将在优化教育教学、改善学生学习、促进教育公平等方面展现出无穷的潜力。就课程与教学而言,在人工智能背景下,未来应重点把握好以下几个方面。

(一)重点关注可持续发展教育和终身学习

要全面创新教育形式,促进教育系统与人工智能融合,为学习者提供公平、平等的终身学习机会,推动可持续发展目标的实现。实现此目标,需要课程与教学及时跟进、调整配合,一方面继续加强可持续发展教育,将可持续发展的理念有机地渗透到课程设置、课程内容选取、课程实施以及课程评价等环节,打破不同文化之间的偏见与桎梏,吸收纳入包容的、多元的、开放的课程内容,增进不同文化之间的尊重与理解;另一方面,创新教学形式,"推倒"学校围墙,关注落后地区和弱势群体的教育,通过教学方式的变革,为更多的弱势儿童、欠发达地区提供均等的受教育机会,并为其终身学习创造有利条件。

(二)注重对学生创造力、沟通、协作以及批判性思考等核心素养的培养

21世纪学习的关键在于发展学生的核心素养,而创造力、沟通、协作以及批判性思考更是被看作不同核心素养里的共通能力。随着科技与人工智能技术的发展,一些重复性的、技能型的传统工作在人工智能的支持下极有可能变为简单操作,未来将会大量被人工智能所替代。因此,为了主动适应未来的社会发展,课程与教学的关注重点应该聚焦到对学习者核心能力的培养上。例如,激发学习者的创造力和批判性思考,提升学习者的沟通与协作能力、应对复杂情境和解决问题的能力等,注重对人类所独有的、通用的、难以被机器智能所取代的高阶思维、情感和技能等的培养。通过合理优化课程内容,创新教学方式,培养学习者适应未来的关键能力。

(三)着力提升学生的人工智能素养教育

从当前职业发展的趋势来看,未来需要大量具备人工智能素养的人才,而目前这方面的人才还十分匮乏。未来市场的工作岗位及性质极有可能会发生改变,绝大多数职业都将转变为数字化、高技能、融入人工智能技术的工作。市场需要的不再是简单的劳动技能型或管理型人才,而是具备一定人工智能素养,能够熟知和灵活使用人工智能技术及工具的劳动者,他们能够轻松驾驭人工智能技术,使其更好地为人类社会发展服务。随着我国经济、工业、教育等领域的发展,各行各业对人工智能型人才的需求将与日俱增,当前的人工智能人才数量及质量难以满足飞速发展的市场需求。因此,在课程与教学当中,要着力推进人工智能课程体系建设与实施,有研究者提出在义务教育阶段设置基于体验的低阶人工智能课程,基于兴趣的中阶人工智能课程,基于自主探究的高阶人工智能课程,通过系统性的课程教学来提升学生适应未来发展的人工智能素养。

(四)加强生命教育以及课程与教学的人文主义关怀

当前,由于人工智能展示出强大生命力,其已经成为教育领域最受瞩目的焦点之一。然而,人工智能的强大功能性容易导致人们在教育中过于关注技术的使用而忽视了人的主体性以及道德价值的重要性。人工智能本质上是一种科学技术,而技术本身是缺乏"温度"的,在课程教学当中,应该理性看待人工智能,使其更好地为实现人的价值,为社会和国家发展服务。人工智能使用的取

向，应当以为人所控、以人为本为开发原则。也就是说，人工智能是为了更好地服务人类及社会，目的在于提升和延伸人的能力，而不是替代人。从可持续发展的视角来看，人工智能背景下，更应加强生命教育，秉持课程与教学的人文主义取向，发挥技术拓展人的能力上的积极意义，充分彰显科技时代人的价值。只有加强课程与教学中的生命教育、人文主义关怀，学生才能够更好地理解人与机器智能的关系，才能够更好地实现人机协作、和谐共进。

参考文献：

[1]梁迎丽，刘陈．人工智能教育应用的现状分析、典型特征与发展趋势[J]．中国电化教育，2018(3)：24－30.

[2]祝智庭，沈德梅．基于大数据的教育技术研究新范式[J]．电化教育研究，2013，34(10)：5－13.

[3]叶浩生．身体与学习：具身认知及其对传统教育观的挑战[J]．教育研究，2015，36(4)：104－114.

[4]余胜泉．人工智能教师的未来角色[J]．开放教育研究，2018，24(1)：16－28.

[5]孙洪涛，郑勤华．教育大数据的核心技术、应用现状与发展趋势[J]．远程教育杂志，2016，34(5)：41－49.

[6]邓磊，钟颖．智能化时代教师教育生态的反思与重构[J]．教师教育学报，2020，7(5)：1－10.

[7]陈红．人工智能下基于自适应的个性化学习模式探究与设计[J]．计算机时代，2020(9)：4－6.

[8]晋晓雨，张俊楷．教育人工智能下高校信息化教学模式构建研究[J]．科技与创新，2020(17)：89－91.

[9]朱明，马正飞．借助人工智能实现工程应用数学中的学习价值创造[J]．教育教学论坛，2020(36)：159－161.

[10]彭红梅，刘忠．人工智能对国家安全的影响：基于美国四家智库的观点分析[J]．社会科学文摘，2020(8)：115－118.

基于 PBL 与 CBT 的保险精算特色课程建设研究①

——以风险损失模型课程为例

赵　明

摘　要：案例教学法在教学过程中的应用已得到广泛关注，但大部分研究仅限于案例教学的优势和劣势的探讨，缺少对以问题为导向的学生自主学习的关注。本文以风险损失模型课程为例，将案例为基础的教学法（Case - Based Teaching, CBT）和问题为基础的学习法（Problem - Based Learning, PBL）有机结合，对课程教学过程中的课前（教学目标、案例选取）、课中（课程导入、问题剖析、小组讨论、过程评定）、课后（课后反思与强化）进行全方面探讨，以期以点带面，为保险精算课程教学改革提出有效建议。

关键词：案例为基础的教学法，问题为基础的学习法，保险精算

当前，各高校正在广泛开展启发式、讨论式、参与式教学，扩大小班化教学覆盖面，推动教师把前沿学术发展、最新研究成果和实践经验融入课堂教学，注重培养学生的批判性和创造性思维，激发创新创业灵感。但仍面临一系列问题，如高校面临教学模式单一，内容脱离实际，实践教学不受重视，社会实践流于形式等问题。大学生自主学习意识薄弱，缺乏主动获取信息意识，对学术的钻研精神不足，不重视科学的学习方法，缺乏提出问题的意识，关注实践的意识和能力较差等诸多问题。针对上述问题，在课程中应用案例教学，有助于提升学生解决实际问题的能力，教师也可以更好完成教学任务，达到教学目标。但是在教学过程中仍存在着基础理论教学与案例教学之间的矛盾，即案例教学的前提是学生已经掌握相关理论知识，在此基础上进行案例的学习；而大部分课

---

①　本文系首都经济贸易大学 2020 年研究生教育教学改革一般项目“创新实践型高端人才培养研究—基于 PBL 与 CBT 的特色课程建设”的研究成果。

作者简介：赵明，首都经济贸易大学金融学院，副教授；研究方向：风险管理与精算。

程会有相当比例的基础理论内容,这对课程教学设计与组织提出了较高的要求。更重要的是,案例教学要取得好的学习效果,要以学生的积极、主动参与以及合作为前提,但是很多大学生受多年应试教育的影响,不善于发现问题,更无法有效解决问题。

案例教学在课程中的应用虽已经得到了广泛推广,但在教学过程中如何体现案例教学的优势,调动学生学习的积极性,将理论知识与案例教学有机结合,仍需要许多教育工作者进行探讨。目前大部分探讨仅局限于案例教学的优势、劣势,并没有将问题导向与案例教学有机结合,并系统分析课前、课中、课后如何将二者紧密结合。本研究选取风险损失模型课程为试点,对课程教学过程中的课前(教学目标、案例选取)、课中(课程导入、问题剖析、小组讨论、过程评定)、课后(课后反思与强化)进行全方面探讨,以期以点带面,为保险精算课程教学改革提出一些有效建议。

一、当前高校教改现状及存在的问题

近年来,我国高等教育一直鼓励教师对教学内容、教学方式、考核方式等进行改革,取得了不少令人瞩目的成绩,但是也面临着教学模式单一、内容脱离实际、实践教学不受重视、社会实践流于形式等问题。

(一)案例教学法的理解存在误区

一直以来,在课程中运用案例教学法,许多教师都是在讲解某个知识点时举一个与知识点密切相关的案例或者例子,这其实只是举例说明(for example),而不是以案例为基础的教学方法——案例教学法(Case - based Teaching, CBT)。

(二)学生自主学习能力差,积极性不足

学生没有足够的学习热情和学习兴趣,自主学习意识薄弱,缺少主动获取信息意识,对学术的钻研精神不足,缺乏提出问题的意识,关注实践的意识和能力较差。

(三)平时成绩给定缺乏严格评定标准,教师随意性较大

学校鼓励加大平时成绩的占比,教师也在积极响应,但是平时成绩如何给定,考核形式应当包括哪些,都没有严格的标准,导致教师给定成绩过于随意。

二、教学方法与学习方法有机结合

案例教学法(CBT)是一种以案例为基础的教学方法,通过对案例的研究与发现来进行学习。CBT 教学法具备明确的针对性、良好的启发性以及较强的实践性,在保险精算课程中应用效果良好。CBT 教学法在已掌握专业知识的基础上,注重提高学生运用知识综合解决问题的能力。PBL(Problem - based Learning)是指基于问题的学习,从一个真实情境中需要解决的问题出发,学生通过自主探究与合作来逐步解决问题,从而学习问题背后的科学知识,形成解决问题的技能与自主学习的能力。

三、教学改革的目标

基于 CBT 与 PBL 结合的保险精算特色课程建设,一方面将 PBL 基于问题的学习方法与 CBT 案例教学法有机结合,实现一个案例贯穿课程所有章节,保障课程知识体系完整性,充分调动学生的学习积极性、团队协作意识;另一方面实现全方位过程化管理,打破平时成绩与期末成绩原有界限,制定课程各章节的考核评价体系,将其标准化、制式化,实现全面过程化考核。通过教学改革,实现如下预期目标:

(一)帮助教师树立现代教学观念,改变原有的“教师讲、学生记”授课模式

在以 PBL 为导向的案例教学中,任课教师不仅要拥有完备的知识体系,在教学中更是要成为学生学习与讨论的引导者、促进者和支持者,这对教师来说也是巨大的挑战。

(二)以案例为基础进行教学

一直以来,在课程中运用案例教学法,许多教师都是在讲解某个知识点时举一个与知识点密切相关的案例或者例子,本文则根据人力资源和社会保障部对行业的划分,分别选取第一、二、三类行业中有代表性的企业作为案例,一个案例贯穿课程所有章节和知识点,实现以案例为基础进行课程知识讲解的目标。

(三)激发学生学习兴趣,提升自学能力

以基于问题的学习方法(PBL)与案例教学法(CBT)的整合有效提高学生

自主学习的兴趣，提高分析问题、解决问题的能力，并培养学生团队协作、沟通与表达等综合素质。

（四）打破平时成绩与期末成绩的界限，实现全面过程化考核

课程实现全面过程化管理，根据各章节知识点下达问题任务书，各小组根据案例结合理论知识进行部分方案设计。教师设计各章节方案设计科学评价体系，并将其标准化、制式化，由小组进行汇报，教师与其他小组成员共同打分。最后形成整个保险精算产品设计或风险管理方案设计成果。

四、课程建设思路

（一）课前准备

风险损失模型课程在设计之初就选取方案设计作为期末考核方式，在课程章节知识点设计过程中覆盖了相关知识，将课程章节以任务形式体现。首先，教师在课程开课之前，制定各章节教学目标，明确教学任务，如根据中国人保财险的机动车辆保险作为教学案例。其次，对学生进行分组，并下达教学任务与分组案例。最后，各小组以一个案例贯穿整个风险损失模型课程，保障课程知识学习的完整性。

（二）课中实施

在课前导入环节，对本章节理论知识点进行讲解与回顾，然后以任务书形式对各小组提出问题。例如：在第三章——离散型损失模型中提出问题：“离散型损失模型在精算产品定价和风险管理中的作用？保险公司运用离散型损失模型来拟合哪些风险？”学生带着教师下达的问题任务书，开始小组讨论，并根据保险公司精算实务的要求进行探讨。最后，各小组对案例设计部分内容进行汇报，教师根据各章节的不同任务设计相应的科学评价体系，形成课程全过程科学考核评定体系，并由教师与学生共同打分。各章节任务书完成情况在期末汇总，形成最终精算产品设计或风险管理方案。此外，取消原有的平时成绩与期末成绩的划分，实现全方位的过程化考核。

（三）课后强化

无论对教师还是学生来说，结合 PBL 与 CBT 方法，更新教学理念，难免会出现一定的不适应，因此课后应不断进行评价和反思。具体步骤如下：①根据

各小组的汇报结果,教师对学生汇报和学习效果进行评价,并不断思考与完善。②通过对比分析不同小组的学习效果,判断小组之间学习效果的差异,找出问题根源。③通过借鉴当前已有教学改革实践中的成功之处,分析本项目建设中存在的缺陷,并找到解决对策。④形成分析报告,并找到整改方法。

五、结语

改善教学效果,提高学生能力是教学研究的一个长期目标,保险精算教学改革同样如此,教师要及时了解学生对教学内容的反馈,总结教学经验,在此基础上调整教学方法,探索新的教学模式。本文提出 PBL 结合 CBT 教学法并应用到教学过程当中,改变传统以教师为主体的教学理念,向以学生为主体转变,对教学方法、教学评价模式等进行变革,将科学理念渗透到基础知识学习中,充分调动学生的主观能动性,提高学生分析、解决问题的综合能力。

参考文献:

[1] 魏理智. PBL 结合 CBT 教学法在职业院校学前儿童心理健康教育课程中的应用[J]. 农家参谋,2020(9).

[2] 刘伟权,熊杰,肖琦,等. PBL 结合医学模拟教学法在培养 ICU 专科护士临床能力中应用[J]. 护理学报,2019(4).

[3]于磊. 浅谈概念图在高中化学 PBL 中的构建[J]. 课程教育研究,2014(16).

[4]林多,陈伟炜,俞允,等. 医学物理学教学中的 PBL 教学过程初探[J]. 课程教育研究,2014(13).

[5]李爱萍,张翠萍. 基于问题的学习(PBL)在大学英语阅读教学中的应用研究[J]. 课程教育研究,2016(4).

新冠肺炎疫情背景下精算课程网络教学的问题与对策①

——以风险损失模型课程为例

赵 明

摘 要：在新冠肺炎疫情背景下，全国各高校响应教育部“停课不停学”的号召，充分利用网络，借助不同平台开展线上教学。保险精算是一门实务性较强的课程，再加上保险精算繁杂的符号体系，对学生数学能力水平的要求较高，这些因素客观上造成了本门课程网络教学上的困难。本文通过分析新冠肺炎疫情对传统教学方式的挑战和保险精算课程的特征，以笔者讲授的风险损失模型课程为代表，总结了精算课程网络教学存在的四点问题，并提出了相应的解决对策与建议。

关键词：新冠肺炎疫情，网络教学，精算课程

一、新冠肺炎疫情对课程教学的影响

（一）新冠肺炎疫情对教学方式的影响

在新冠肺炎疫情期间，“停课不停学”，对师生最大的冲击就是教学方式的改变。网络教学需要教师积极学习，快速适应新角色。虽然各方面在努力提高教师的信息技术水平，组织了很多培训，很多学校甚至建设了自己的网上教学平台，但是各方面对网络教学的作用和价值认识不够，对信息技术如何促进教学缺乏系统研究，平台瘫痪、网络卡顿等问题时有发生，更别提教学方法、学习方式、效果监测的改进了。这次新冠肺炎疫情提醒我们，必须重视研究信息技术，让信息技术担当“主角”。

---

① 本文系首都经济贸易大学2020年研究生教育教学改革一般项目“创新实践型高端人才培养研究—基于PBL与CBT的特色课程建设”的研究成果。

作者简介：赵明，首都经济贸易大学金融学院，副教授；研究方向：风险管理与精算。

(二)新冠肺炎疫情对教学的影响

受到新冠肺炎疫情的影响,各类学校“停课不停学”,琳琅满目的教学视频迅速在各个平台上线,“线上化”教学逐渐成为学校、教师的必备技能。但在教学过程中,师生不能面对面交流,教师也无法直观地看到学生的课堂表现,几十个学生同时在线,师生之间难以良性互动,学生学习的差异也难以得到及时反馈和处理。上课过程中如何及时掌握学生的学习状态成为一大难题,学生遇到问题不能直面交流,及时订正,课堂以外干扰频频,学生的思维容易中断,部分学生自律意识薄弱,学习效率更加难以提高,这都在一定程度上降低了网课的质量。

(三)新冠肺炎疫情对线上教育和线下教育的冲击

作为老师,竟然能够成为主播去给学生直播教学,作为学生,竟然足不出户,打开手机就可以上课。对于这样的事情,有人把它看成是在线教育“飞跃”的历史时刻,也有人质疑线上教育的短期爆发后果如何。

在这次新冠肺炎疫情期间,所有的线上教育短板迅速暴露,但也没有太多的时间去修补,因为疫情留给线上教育的窗口期和发展期非常短暂。但是这次大规模的线上教学推广实现了很多教育行业原本想都不敢想的改变。比如,教育资源得到充分的利用,一个教师可以给数万名学生讲课。学生的学习效率能够得到无限的提高,可以利用一切的时间去学习,甚至节省下日常上学路上所浪费的时间。这次疫情必然会影响教育行业未来的发展趋势。

二、精算类课程的特征

保险精算是中国精算师协会和北美精算师协会指定的精算师考试的核心内容之一,也是一门综合利用微积分、概率论和保险学等知识对保险产品尤其是人寿产品精算原理进行阐述的精算专业主干课程。在实践中,保险产品尤其是寿险产品的种类和数量较多,保险精算课程涉及的内容广泛,再加上保险精算繁杂的符号体系,对数学能力水平的要求较高,这些因素都客观上造成了本门课程网络学习的困难。

(一)属于定量性质的课程,公式和推导内容较多

由于精算学的很多方面都涉及数学知识,所以课程以中国精算师考试指定

的相关科目为基础,具体包括《金融数学》《精算模型》《寿险精算》《非寿险精算》等教材。保险实务中的产品种类繁杂,使用何种方法对各保险产品进行定价是精算师经常面临的一个难题,因此更加强调对数学模型、公式理解和运用的能力。

(二)需要具备一定的数理基础,内容抽象且难以理解

保险精算的内容比较复杂且有一套特有的符号体系,学生学习过程中的记忆及理解都存在一些难度。此外,数学知识涉及较广,包括高等数学、概率论、泛函分析、实变函数、随机过程、数学建模等,因此要求教师有较高的数学素养,学生有扎实的数学基础。

(三)需要更多地与实务问题相结合

从本质上来讲,保险是为了解决实际风险主体的风险保障需求而产生的行业。在教学中,要以保险实践中的风险问题作为每个保险产品的出发点,引导学生思考问题的解决方案,阐述保险产品的精算原理,加深对精算原理的理解,从而培养学生运用精算原理解决实际保险问题的能力。

三、精算课程网络教学存在的问题

当前,精算课程网络教学还存在着很多问题,主要有以下几个方面:

(一)网络教学方法单一

目前网络教学大致有三种形式:一是将课本上的知识、定理、例题等搬到网络上;二是教师将做好的课件或讲稿发到网络上;三是教师将讲课的视频资料发送上网。这些形式基本上都是把现实课堂的内容等照搬到网络,教学讲解机械地讲授课本内容,缺乏实用性,学生被动接受,无法深入理解。网络教学方法单一,缺少针对网络课堂精心设计的教学方式、内容等。精算课程涉及很多公式、模型的推导证明,教师不便通过网络进行推导和计算,学生也无法打开思考的空间,师生之间、同学之间缺少交流与互动,无法锻炼学生抽象思维能力、辩证思维能力及解决实际问题的能力,因此很难提高精算课程的教学效率。

(二)课堂节奏不可控

教师通过网络直播教学对知识内容进行讲解,大多基于教师自身的教学经

验以及课堂设计,安排相应的节奏,以适应大多数学生的学习习惯。网络课堂将教师讲解实时传播到学生面前,学生通过这种方式学习课堂内容。这种教学模式虽然可以让学生随时随地通过手机、平板电脑或台式机等各种网络终端设备观看教师的讲解,但教师课堂讲解的节奏始终是不变的,教师无法掌握听课学生的真实状况,无法通过学生的反应来调整自身的教学节奏。这就会导致部分学生在学习过程中掉队,最终教学效果不理想。

(三)课堂交流不充分

基于上述的原因,教师在网络直播教学过程中无法直观看到学生的反应,也就意味着课堂中教师与学生之间的交流不顺畅。教师看不到学生的实际反应,学生也得不到教师的直接回馈,这易导致学生对学习失去兴趣、丧失信心。精算课程的一些问题需要画图或者逐步推导,一些题目的符号繁多,导致师生在线上无法有效交流课程中的问题。同时,网络直播学生众多,教师即使课前进行精心准备,也无法满足所有学生的学习习惯和学习节奏。网络直播教学势必会使得学生学习水平的两极分化越来越严重。由于缺少了课堂沟通的环节,学生不仅与教师之间不便交流,同学之间也难于联系,从而对学生学习造成障碍。

四、相关对策与建议

(一)改善网上学习

因为新冠肺炎疫情影响,在线办公及学习是不得不采取的方式,在恢复正常教学的秩序之后,教育工作者需要理性反思"线上教学"的利弊,成败的经验和教训。随着信息时代的发展,学习场景会发生变化,网上学习的需求也会逐步增加。所以,必须重视、研究信息技术,逐步让信息技术担当"主角",使教师和学生能够从容地应对和适应未来新的技术环境。

(二)重视双基教学

所谓双基教学就是基本概念和基本性质的教学。我们重视对于基本概念和基本性质的教学,就是为了尽量补足学生们的基础,让每一个学生都处于同样的起点。这样学生接受知识、教师传授知识,也会更加容易。

以精算课程举例,数学是精算课程的基础,对于数学基本概念的理解和基本公式的掌握是十分重要的,数学的推导和演算过程也是必不可少的。学生只有了解、掌握数学的这些基础内容、基本规律，才能够更加全面地理解教师所讲解的内容。

（三）拓展信息交流的渠道

网络直播教学中信息无法有效交流，这不仅存在于教师与学生之间，还存在于学生与学生之间。传统课堂中，学生之间处于同一个学习场景当中，无论是通过语言的交流，还是各自表现上的变化，学生都能够感受到信息，并且及时地传递信息。对于网络直播教学信息交流的缺失，我们应该想办法通过其他的方式予以弥补，建立起教师与学生之间以及学生与学生之间的交流渠道。以精算模型课程为例，如果网络直播课程中讲解某一种题目时学生存在疑问，在直播课程结束以后学生可以通过 QQ 群或微信群发表自己的看法，其他的同学参加讨论；而教师通过浏览这些内容，了解学生的反馈，并据此来调整或改变自身的教学。

（四）反思教学方式，培养学生超强的“自驱动力”

线上课堂考验着学生的自觉性和自律性。同时，教师也要重新认识在线教学的价值，改进教学方式。传统的课堂教学过于重视“听老师讲”，对学生自学能力、自我管理能力的培养不够。事实上，学生不一定非要听老师讲才能学习，不一定要“先听后学”，也可以“先学后听”。学生的自觉、自律的培养极为重要，需要教育机构与教育工作者联手，以培养学生学习内驱动力及自律性为目标，构建理想化的教学环境，制订合理的教学目标和计划，设置完备清晰的教学任务，提供充足的教学资源支持，从教学艺术的锤炼、学习效果的采集及反馈、学习效果多维度评估等方面着手，为社会培养学习能力、竞争力更强的人才。

虽然新冠肺炎疫情对教学产生了巨大的影响，但我们只要直面存在的问题，不断改进方式方法，充分利用新技术新资源，就能够提高学生的学习水平、学习效果。

参考文献：

[1]李克寒，刘瑶，谢蟪旭，等．新冠肺炎疫情下线上教学模式的探讨[J]．中国医学教育技术，2020(3).

[2]龙宝新．疫情背景下中小学在线教育高效化的行动路径[J]．教育科学论坛,2020(11).

[3]吴丹．雨课堂在大学英语课堂上的应用[J]．科技风,2020(10).

[4]付卫东,周洪宇．新冠肺炎疫情给我国在线教育带来的挑战及应对策略[J]．河北师范大学学报(教育科学版),2020(2).

[5]王嵩,王泽,张瀚丹．浅谈“互联网+教育”模式下在线教育质量管理策略[J]．中国管理信息化,2020(4).

[6]郭丰涛．移动教学App在高校课堂教学中的应用研究:以超星学习通为例[J]．科教文汇(下旬刊),2018(6).

[7]苗青．基于超星学习通的移动教学模式分析[J]．无线互联科技,2017(20).

[8]孔雅静．借助网络平台 提效科学与技术学科教学[J]．教育传播与技术,2020(4).

[9]马艳云．新冠疫情下大学生慕课学习研究:基于疫情防控期间与疫情前慕课学习人数的比较[J]．中国特殊教育,2020(5).

[10]王俊虎．疫情防控时期高校本科线上教学工作的思考与探索[J]．华北理工大学学报(社会科学版),2020(3).

[11]袁耀锋,林凌,王建,等．疫情防控期间线上教学的初步探索[J]．大学化学,2020(5).

三十八载砥砺前行,初心化雨芬芳满园[①]

王曼怡

作为一名工作了近40年的高校教师,我始终注重培养学生的世界观、人生观、价值观,教育引导学生正确认识世界和中国发展大势,立足于现实国情,实现自我价值,做继往开来的典范。下面,我分享一下我的育人理念和施教方法。

一、以德施教,润泽莘莘学子心田

夫子循循然善诱人,博我以文,约我以礼,欲罢不能。教师是人类灵魂的工程师,承担着神圣使命。我在校工作38年来,始终坚持在教学第一线,一直秉持以人为本的指导思想,因材施教、因时而进、因时而新,始终坚持“授人以鱼,更要授人以渔”的教育理念,既严在当严处,又爱在细微中。习近平总书记说:“教师不能只做传授书本知识的教书匠,而要成为塑造学生品格、品行、品味的‘大先生’。”因此,我一直尽自己所能地教育学生“不忘初心、求真知、做真人”,并告诫学生“心中醒,口中说,纸上作,不从身上习过,皆无用也”,凡事都要脚踏实地去做,不驰于空想,不骛于虚声,而惟以求真的态度作踏实的工夫。以此态度求学,则真理可明;以此态度做事,则功业可成;以此态度做人,则风骨可刚。

我时常鼓励学生珍惜韶华、脚踏实地,在实践中发现问题、了解不足,使理论知识在实践中得到升华、创新,做到了不仅把学生“扶上马”,还要“送一程”。

二、潜心科研,引领学生“学而思”

“学而不思则罔,思而不学则殆。”从教38年以来,我始终在国际金融学科的建设和发展方面竭心尽力,先后出版《北京金融产业集聚效应研究》等14部

---

① 本文系演讲稿。

作者简介:王曼怡,首都经济贸易大学金融学院教授。

学术著作，在国内外期刊发表学术论文80余篇，主持并参与国家社会科学基金项目、教育部项目、北京市社会科学基金项目等近50项，在中国金融学会、北京国际金融学会等学术团体担任重要职务并任多项国家级、省部级项目评审专家。几年来，我先后获得国家级教育教学成果二等奖、北京市教育教学成果一等奖、北京市哲学社会科学优秀成果二等奖等奖项。扎实的科研求索过程让我能够更好地以科学研究的思维体系和逻辑方式培养学生自主思考的能力，引导学生“思中学，学而思”，让其学有所思、学有所用、学有所长。

在教学过程中，将自己的所见、所思、所感分享给学生的同时，我也积极针对金融专业教学的特点，运用现代信息技术，如多媒体教学工具等，充分调动学生的求知欲，使学生由“被动灌输”进化到“主动探索”，极大地增强了学生的思考力、想象力与创造力，帮助学生开阔了眼界、拓展了视野、提升了修为。

三、雕筑人生，帮助研究生提高社会竞争力

读研这个选择与每个大学生的未来都息息相关。在研究生学习阶段，科学、系统、严谨的逻辑思维锻炼和写作训练，能够更好地提升学生的自主思考能力和社会竞争力。古之成大事者，不惟有超世之才，亦必有坚韧不拔之志。在引导学生做科研、写论文之前，要让学生明白自身的“责任”，鼓励学生树立历史使命感和民族责任感，带着新时代的新梦想整装出发，提升自己的能力，雕筑国家的明天！同时，要让学生明白自己的目标，器大者声必宏，志高者意必远！读研不只是为了一纸文凭或一块敲门砖，更是一种自我肯定、自我追求和自我突破。那么如何更好地突破自身，提高写作和思维能力？这就涉及读什么和怎么读。

（一）读什么

本科学套路，硕士学思想，博士学创新。硕士学习阶段要把握科学研究的思想，导师要做学生的引路人，帮助学生完成两次境界的飞跃：一是认识问题的境界；二是解决问题的境界。帮助学生掌握四种科学研究的能力：一是文献检索与分析能力；二是研究方案的设计与实施能力；三是研究结果的分析、归纳和处理能力；四是论文撰写、发表、演讲能力。

（二）怎么读

引导学生明确总体目标与当下任务的关系，鼓励学生自己发现问题、解决

问题,注重事前的研究设计和事后的归纳总结。提高发现问题、分析问题、解决问题的能力,用量的积累激发质的改变。

有人说:要认真阅读文献,读 50 篇文献达到了解,读 100 篇就可入门,300 篇就是准专家,500 篇你就是专家。因此,我们作为教师要引导学生多读文献资料,入门之后能够皆有所造诣。

树立一个标准，遵循四个规律，注重三个相结合[①]

朱　超

如何培养优秀人才，是我们作为教师一直要思索的课题。很高兴有这个机会和大家交流一下关于教育教学思想的若干思考和体会。

一、树立一个标准

合格的高校学生有很多标准。我觉得在德育教育的大前提下，把学生当作自己的家人，是一个可以指导高校教师日常培养工作的非常有可行性的标准。每位教师都有自己的家人。资深教授有自己的与大学生同年龄段的孩子，中年教师有侄子、外甥等，青年教师的弟弟妹妹可能正在上大学。当你把这个标准代入，当面对学生咨询和讨论时，会发现很多决策和建议一下子就清晰起来。你对自己家人的希望是什么，你对学生的希望就是什么。你对自己家人的建议，就是对学生最真诚的建议。你建议学生分配在学习和社会活动上的时间，你建议他（她）在本校还是另找高校读研、读博，你决定给学生多大的挫折教育，这些问题很多时候就不再成为一个需要揣摩和思考的问题。当你不再从工作角度，不再从事务角度，而是从家人角度提出建议时，学生能感知得到。

二、遵循四个规律

我自己在多年教师生涯中感受到教育是有规律的。如果我们适应和遵循这些教育规律，就可以得到事半功倍的效果。当然，创新也是重要的，尤其是对事物的探索上。但在人的培养上，要充分尊重规律，尽可能少试错。对我们来

---

① 本文系在“金融学院教育教学思想大讨论”座谈会上的发言稿。

作者简介：朱超，首都经济贸易大学金融学院教授。

说，学生也许只是一个样本，但对学生才能就是一个重大的无法重来的路径调整。我觉得至少有以下通用规律是需要遵循的。

（一）因材施教

借用经济学关于个体决策行为的论述，最优决策的前提是有明确的效用函数和约束条件，然后我们可以得到最优解。当我们将其动态化时，就可以在时间维度上求得最优解的动态学。

培养学生其实也是这样。我们首先要明白学生觉得什么最重要，什么应该进入效用函数，权重如何，就业、知识、能力还是其他，约束条件有哪些。这时我们才能帮学生找到学生生涯，不管是本科四年，硕士还是博士阶段，最优的发展路径。我们自己也曾经走过这条路，又带过很多届的学生，我们知道有些约束条件随着时间的推移不再是约束条件，比如说研究方法。哪些又是我们导师可以帮你突破的约束条件，比如说选题或研究的创新点。这样就可以优化提高最优解。所以，我们要搞清学生的效用函数是什么，搞清他的潜能、水平、偏好，这样就可以因材施教，取得更好的效果。

（二）尊重学生年龄规律

年龄对人的影响是很大的。当我们18岁时，我们对将要到的大学阶段充满好奇，对人际交往充满热情，满心拥抱这个世界。当我们22岁进入硕士阶段时，学生们可能就少了很多社会交往的热情和对校园生活的向往，更多地会转向对工作的渴望、对职场的憧憬和对未来的焦虑。当进入博士阶段时，可能面对的又是自我驱动的困境——没有选题，没有文献，没有数据，可是自我驱动能力又没有训练出来，明知很多事要做，而又偏偏不想做，但又知道不做是不对的。此时加上年龄的追赶，如果再叠加感情的挫折，很容易产生一种“困兽感”，情绪极易不稳定。这些特征当然是由不同的学习阶段带来的，但是主要还是年龄的原因。设想一下，一个26岁的学生去读本科，和一个18岁的学生来读博士，他和同学的感受是不一样的。对于这些年龄叠加学习阶段所表现出的规律，导师要尽量适应和接受，此时说教、劝说、训斥，容易起反作用。我们能做的是耐心等待并辅之以因势利导。

（三）循序渐进

对于硕士和博士生来说，知识结构的涉猎不再像本科生那样按部就班了。

在计算机程序语言中,当出现“前向引用”,即引用了没有事先定义的变量时会报错,但是对于研究生来说,知识点欠缺就很难再完全按部就班学习了。所以,研究生普遍的学习方式是需要同时面对不同阶段的知识点,矩阵式推进而不是线段式。现时知识里或多或少将包含未来变量了。这时,要大胆鼓励研究生提前学、全面学、迂回学。

但是,这时就会面临一个问题,还要不要循序渐进?我的看法是,在战略上循序渐进,在战术上跳跃式推进。在研究生生涯起点时,要鼓励他挑战极限,发掘潜能,触摸能力边界。在战术上,我们以高水平的研究成果为冲击目标,模仿高水平的论文,模仿高水平的学者,训练创新的研究方法。但是,在战略上,我们要循序渐进,不能期望学生一口吃成胖子,要接受结果上的不完美,导师要适当做好兜底的准备。好论文终究不是一日之功,我们经常看不下去自己以前写的论文,这就是循序渐进的证明。

(四)学生会对正面激励有更好的反应

相比负向刺激,人们对正面激励有更好的反应。这说起来容易做起来难。导师在多年的学业生涯中,一般比较自律,或多或少都有点完美主义,本能地会看不惯学生的相对懒散,因而加以指责和批评。但实际上,这时候效果并不好。有时我们老师觉得很小的事情,其实学生看得较重,有可能会给其很大的激励,比如说论文指导、学术会议、师门组会讨论时的当众表扬。老师这些时候的肯定都会给学生正面的激励,使他产生更好的反应。学校和学院也要经常精神鼓励,创造机会让学生上台成为各种形式的主角。反过来说,一定要慎用批评,即使必要时也须委婉地批评,尤其在公开、半公开场合。举例来说,论文答辩是学生记忆比较深刻的一个时间点。这时候往往是以批评式的讨论为主,但切忌说过头了变成责问。当我们自认为是在讨论学术话题时,其实有时语气和内含的态度是比较负面的,只是我们自己未意识到。这是我一直比较注意的,尽量避免刺伤学生。

三、三个相结合

(一)长期目标与短期目标相结合

硕士和博士会同时面临短期目标和长期目标。短期目标就是顺利毕业,但现在毕业面临一些新的问题。一是毕业形势艰难且日益严峻。就我校来说,每位博士生要发表2篇CSSCI检索期刊论文,我们学校2019年全校署名发表此类论文301篇,而每年招生博士120多名。二是方法论提升时间紧张。不少博士生方法论掌握不足,制约了选题范围。而即使特别普通的选题,工作量也不算小,但发表起来难度非常大。三是阅读英文文献能力差。四是写作基本功不够。写作存在逻辑漏洞多,语句不通顺,语法错误,句式单一,文字学生味浓等问题。这样的论文如果没有经过一次脱胎换骨式的修改,学生自己是看不出来的。由此可见,实现短期目标已然有了很大的难度。

长期目标涉及人才培养的问题。大学的存在毕竟不是批发学位。大学是人类社会文明的核心,是科学的发动机。我们对学生的培养,最终目的是培养他的工作标准、处事标准、责任心、学术视野和人文精神。这些就是长期目标。我们要两个目标相结合,脱离短期目标,学生会有焦虑感;脱离长期目标我们易滑向一个就业培训组织。

(二)道与术相结合

学问之道与论文之术相结合。研究生要有对未知的探索精神,我们要培养其从无到有的大胆创新精神。而这个学问之道的实现需要同论文之术相结合。对于我们经济管理类人文社会科学而言,论文是一个很重要的科学成果表现形式,在完成过程中,能很好地训练学问之道。通过完成一篇完整的学术论文这种术的训练,达到道的目的。客观上,创新标准的设定和达成,可以让学生产生深刻的记忆,促使其在整个生命周期中拥抱而不是排斥创新。

(三)人才培养与科研创新相结合

教学相长,在大学中,老师在培养学生,学生其实也在“培养”老师。一个重要的表现形式就是师生的研究合作。从研究选题开始,到最终成果发表,老师要付出很大的心血,尤其是对学生的第一篇论文。学生就是在一篇篇的论文中,达到了自己的工作标准,训练了责任心,塑造出创新精神。

但是,科研型大学的老师又要注重自己的独立工作和引领式工作。在训练学生学术能力的过程中,老师要付出很多,当训练出来后,学生就要毕业,接上来的又是学术新手,又要开始新一轮的重复训练。除了人才培养外,学校毕竟还要冲击科研高端,尤其是年富力强的老师更得担当主力。学生要向上兼容,老师要适度向下兼容,但又不能被拖到一个学生的水平上,重复于硕/博士生的习作。突破学科的前沿边界终究主要靠老师,而不是学生。因此,要注重人才培养与科研创新相结合,二者均不能偏废。

关于金融类专业课推进课程思政建设的几点思考①

王佳妮

摘　要:“课程思政”是传统思政课程的升级版。课程思政建设已经成为高校当前全面提高人才培养质量的重要任务。在推进课程思政建设的过程中,主要存在教师的认识水平有待提高、思想政治教育与专业课的脱离以及西方理论讲解的过犹不及等三大问题。基于此,本文建议从加大课程思政的宣传、强化教师的思政学习及重视课程思政的教改三方面推进金融类专业课程思政工作。

关键词:金融类专业课,课程思政,教学改革

全面推进高校课程思政建设是深入贯彻落实习近平总书记关于教育的重要论述和全国教育大会精神的重要举措,也是高校落实立德树人根本任务的战略举措。2020 年 5 月,教育部发布《高等学校课程思政建设指导纲要》,明确提出“结合专业特点分类推进课程思政建设”,其中经管类专业课程“要在课程教学中坚持以马克思主义为指导,加快构建中国特色哲学社会科学学科体系、学术体系、话语体系。要帮助学生了解相关专业和行业领域的国家战略、法律法规和相关政策,引导学生深入社会实践、关注现实问题,培育学生经世济民、诚信服务、德法兼修的职业素养”。

当前,各高校都在大力推进课程思政建设工作,对于金融类专业课来说,如何转变专业课教师的教学理念,如何从课程所涉专业、行业、国家、国际、文化、历史等多个角度,深入挖掘提炼思政元素、有机融入课程教学,达到润物无声的育人效果,迄今为止,尚未有学者开展系统性的理论探讨和实践总结。基于前

---

①　本文得到首都经济贸易大学 2021 年教改立项(课程思政类)“金融类课程思政元素挖掘与教学改革路径研究——以‘投资银行学’为例”项目资助。

作者简介:王佳妮,经济学博士,首都经济贸易大学金融学院讲师;研究方向:天使投资与风险投资。

期的调研和思考,笔者谈几点感想。

一、课程思政的内涵和时代价值

“课程思政”是最近几年出现的概念,主要来源于上海市相关高校的探索。2016 年 12 月,习近平总书记在全国高校思想政治工作会议上强调:把思想政治工作贯穿教育教学全过程,要用好课堂教学这个主渠道,各类课程都要与思想政治理论课同向同行,形成协同效应。2017 年之后,很多研究集中在对课程思政的核心内涵、意义特征等理论分析方面,但观点不完全统一。有学者主张课程思政是一种新的思想政治课程体系和教学体系(高德毅、宗爱东,2017);也有些学者认为课程思政的本质是实现立德树人目标的一种教育方式(王学俭、石岩,2020)。在战略意义方面,课程思政不仅是高校落实立德树人的现实需要和实现三全育人的必然选择(韩宪洲,2019a,2019b),也是高校发展隐性思政教育的体现(巩茹敏、林铁松,2019)。

总体而言,笔者认为“课程思政”是传统思政课程的升级版。“课程思政”的基本内涵是协同育人,时代价值体现在三个维度:站位高,主要任务是培养新时代好青年;立意深,打通思政教育和高水平人才培养体系;视野广,它是全员、全过程、全方位的三全育人(韩宪洲,2019b)。

二、课程思政建设中存在的问题和短板

在推进课程思政建设的过程中,目前主要存在三大问题和短板:

(一)教师的认识水平有待提高

有一部分教师自身的思想政治水平不高,缺乏责任担当,不知道“怎么讲”;还有一部分教师思想停留在“少说话、少犯错”的层面上,知道怎么讲却“不敢讲或是讲少了”又或是“生硬尬聊”。有学者指出,在专业教学过程中仍然存在重“知识”、轻“思政”,甚至零“思政”的现象(许竹,2020);也有专业课教师虽然已经提升了课程思政意识,但是普遍认为难以找到“切入点”,甚至形成了“应付检查、强行植入”的一些“错误操作”(卞晨明,2020)。

(二)思想政治教育与专业课的脱离

课程思政的本质是思想政治元素与专业知识的紧密联系且有机融合。很

多专业课教师没有从专业特色出发,系统性提炼其中的爱国情怀、法治意识、社会责任、文化自信、人文精神等要素,这就导致专业知识无法转化成核心价值观教育具体的抓手。在实际教学过程中,课程思政存在"强行植入造成冲淡专业"与"过度思政导致淡忘主业"的误区(鄢显俊,2020)。

(三)西方理论讲解的过犹不及

当代大学生所处时代特殊,生长于改革开放时期及经济高速发展时期,接受的社会主义教育不够系统全面,对于传统文化比较陌生和疏远(谢晓娟、郭安宁,2017;时万青、任贝贝,2015)。他们对于中国特色社会主义的政治认同、制度自信容易受到文本影音资料、网络环境、社会现实、社会思潮等信息的影响(焦冉,2019)。教师不能盲目推崇使用西方原版教材,或是在讲授西方制度背景理论知识的同时崇拜西方价值观,尤其是在研究国际问题时不能忽略"中国之治",脱离中国文化制度情景的思考,要帮助学生在专业知识学习中理解中国特色社会主义思想,树立四个自信。"要引导青年在横向对比中找到中国之治与西方之乱的制度因素,跳出所谓的西方治理范式和话语体系,'比'出做一名中国人的自豪和自信,自觉做中国特色社会主义制度的坚定维护者、推进国家治理体系和治理能力现代化的积极参与者……"(贺军科,2019)

三、深化课程思政建设的对策建议

课程思政建设的落脚点和发力点主要有三个:一是顶层有设计。学校应该有一个总体上的目标规划和工作指南,学院层面要进一步在专业特色定位、教学科研、教师队伍建设等方面的管理工作中,实现"课程思政"的理念,在顶层设计和整体规划中给出专业课程与思政课程同向同行的具体解决方案。二是教师要示范。不忘教育初心,争做"四有"好教师,这本身就是做好学生引路人的前提条件。三是教学须渗透。不是粗放式的灌输,而是润物细无声地将价值引领、主旋律教育渗透在教学全过程中,包括课堂授课、课后作业、课外实践、论文指导等活动。

对于深化课程思政建设,本文提出三点建议:其一,加大课程思政的宣传。学校和学院需要将"课程思政"放到重要的位置,通过阅读、研讨、课题等方式加强宣传,提高教师群体对课程思政的认知和意识。其二,强化教师的思政学习。

教师无论是中共党员还是民主党派或是群众,都应该加强自我思想政治学习,包括学习中央高层讲话精神、最新的形势与政策等。这些不仅是教师传授金融专业知识的基础理论和时代背景,更是课程思政的源头活水。其三,重视课程思政的教改,通过丰富教学内容、创新教学方法来改革我们传统的教学,将思想政治教育与专业教育协同起来。比如:有些教师在课程中会讲到中国金融市场与机构的发展、1997 年亚洲金融危机、2008 年美国金融危机、2020 年全球新冠肺炎疫情冲击等问题,这就可以通过国内外比较的方法让学生认识到中国制度的优越性,增强四个自信。又如:有些教师是"海归",经常讲授英文教材的内容,在给学生进行专业知识讲解和职业素养教育时,就要大胆批判西方错误的观点,强调我们的责任担当和家国情怀。再如:可以通过案例教学的方法,帮助学生理解专业知识背后的政策内涵、科学精神、社会责任等,树立诚信、法治等核心价值观;还可以通过课程作业、指导论文等方式,学习和研究"习近平新时代中国特色社会主义经济思想"重要论述中的关键问题,引导和启发学生关注国家政策和现实问题。

四、结语

课程思政建设已经成为高校当前全面提高人才培养质量的重要任务。对于金融类专业课而言,未来的教学改革工作要围绕课程思政这个核心,在全面提升专业课教师开展课程思政建设意识和能力的基础上,推进课程思政教学改革,结合金融类专业特色和专业课特点,挖掘提炼金融知识体系中蕴含的思政元素,有机融入教材编写、课堂授课、教学研讨、实验实训、作业论文等各环节,帮助学生塑造正确的世界观、人生观、价值观,增强学生在课程学习中的获得感。

参考文献:

[1]卞晨明. 关于把思政教育融入专业课程的教学设计探索:以"证券投资实务"为例[J]. 知识文库,2020(20 下):83,85.

[2]高德毅,宗爱东. 从思政课程到课程思政:从战略高度构建高校思想政治教育课程体系[J]. 中国高等教育,2017(1):43 -46.

[3]韩宪洲．深化“课程思政”建设需要着力把握的几个关键问题[J]．北京联合大学学报（人文社会科学版）,2019(2):17－19.

[4]韩宪洲．深刻认识“课程思政”的时代价值[N]．人民日报,2019－08－18.

[5]焦冉．当代大学生对“四个自信”认知状况调查分析[J]．西部学刊,2019(11):17－19.

[6]巩茹敏,林铁松．课程思政:隐性思想政治教育的新形态[J]．教学与研究,2019(6):45－51.

[7]时万青,任贝贝．当代大学生社会主义制度认同与制度自信[J]．山西高等学校社会科学学报,2015(3):24－26.

[8]王学俭,石岩．新时代课程思政的内涵、难点及应对策略[J]．新疆师范大学学报(哲学社会科学版),2020(2):50－58.

[9]谢晓娟,郭安宁．从四个自信的角度看大学生价值观教育[J]．学校党建与思想教育,2017(2):52－56.

[10]许竹．课程思政在“投资银行实务”课程中的探索与实践[J]．商业经济,2020(11):195－196.

[11]鄢显俊．论高校课程思政的思政元素实践误区及教育评估[J]．思想教育研究, 2020(2):88－92.